UN LIVRE

POUR

LES FEMMES MARIÉES

OUVRAGE POPULAIRE

PAR L'AUTEUR

DU MARIAGE AU POINT DE VUE CHRÉTIEN.

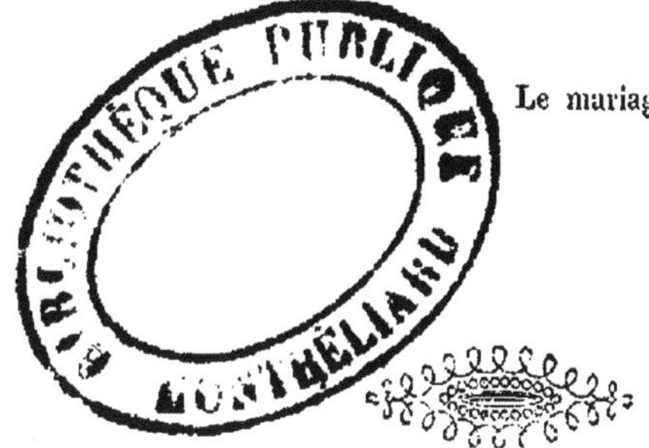

Le mariage est honorable entre tous
HÉBREUX XIII, 4.

PARIS,
L.-R. DELAY, RUE TRONCHET, 2.
TOULOUSE,
TARTANAC, RUE DU COLLÉGE-ROYAL, 14.

1846

PUBLIÉ PAR LA SOCIÉTÉ POUR L'IMPRESSION DE LIVRES RELIGIEUX
DE TOULOUSE.

UN LIVRE

POUR LES FEMMES MARIÉES.

Paris.-Imprimerie de C.-H. Lambert, rue Basse-du-Rempart, 24

INTRODUCTION

QU'IL FAUT LIRE, BIEN QU'ELLE SOIT ENNUYEUSE.

PREMIER ENTRETIEN.

Il existe, dans le département du Gard, un village que nous appellerons Saint-Agrève, ne pouvant donner ici son véritable nom. Ce village est dominé par un château, propriété de l'ancienne famille de Mallens.

En 1826, M. et Mme de Mallens, après avoir passé une année à Saint-Agrève, furent obligés de partir presque subitement, pour se rendre dans une principauté d'Allemagne où M. de Mallens était envoyé en qualité de ministre plénipotentiaire.

La nouvelle de ce départ affligea les habitants du village, car M. et Mme de Mallens étaient aimés à cause de leur bienfaisance. Cependant il y avait dans leur suite une personne qu'on regrettait encore plus qu'eux : cette personne était la femme de charge, Mme Dubois.

Mme Dubois, âgée de 40 ans, avait presque élevé la jeune dame de Mallens ; elle en possédait la confiance, l'accompagnait dans ses voyages, et se faisait partout aimer. Elle était habituellement sérieuse, mais ce sérieux avait tant de douceur qu'il n'effrayait personne ; elle ne déguisait jamais sa pensée, mais sa franchise ne choquait point, parce qu'elle se montrait accompagnée de beaucoup de bienveillance et de beaucoup d'humilité. En effet, Mme Dubois, qui aurait pu tirer vanité de l'affection que lui témoignait sa maîtresse, ne se donnait jamais des airs d'importance ; elle restait modeste, affable avec tous. Au château comme au village, on ne lui reprochait qu'une chose : c'était d'exagérer sa religion, de prendre trop au pied de la lettre les enseignements de la Parole de Dieu, et de ne pas s'accorder assez de jouissances. Après cela, il n'y avait plus rien à dire ; Mme Dubois, il est vrai, n'était pas sans défauts, mais on la voyait si chagrine lorsqu'ils prenaient le dessus, elle avouait ses torts avec tant de bonne foi, qu'il n'y avait pas moyen de se fâcher ou de lui garder rancune.

Lorsque Mme Dubois avait achevé ses affaires, son plus grand plaisir était de visiter les pauvres gens, les vieillards ou les malades de Saint-Agrève. Avec l'autorisation de Mme de Mallens, elle leur portait tantôt une bouteille de vin, tantôt un peu de bouillon, et lorsqu'elle les y trouvait disposés, elle leur lisait deux ou trois versets de la Bible.

Pendant cette dernière année, elle s'était particulièrement attachée à quatre jeunes filles qui venaient de faire leur première communion. Le pasteur qui les avait introduites dans le sein de l'Eglise, habitait à plusieurs lieues de Saint-Agrève, et Mme Dubois s'efforçait de continuer son œuvre. Elle réunissait les jeunes filles chaque Dimanche, leur expliquait un chapitre de l'Evangile, s'efforçait, en les questionnant, de savoir si elles avaient saisi la bonne nouvelle du salut que nous annonce l'Ecriture, et demandait au Seigneur, en priant avec elles, de bénir ces conversations.

Les jeunes filles dont nous parlons, avaient diversement profité des soins de Mme Dubois. L'une d'entr'elles, Louise, se sentait vraiment touchée d'amour pour son Sauveur. Longtemps elle était restée assez froide, ne comprenant pas trop en quoi consistait la méchanceté de son cœur, de ce cœur qui pourtant ne trouvait aucune joie à s'occuper de Dieu, de ce cœur qui se livrait à mille mouvements d'impatience, de vanité et d'envie. Lorsque sa conscience lui disait : « Louise, tu as menti; Louise, tu t'es mise en colère; Louise, tu laisses ta Bible dans un coin sans l'ouvrir ! » Louise répondait : « Tout le monde en fait autant ! » et se hâtait de penser à autre chose. Mais quand Mme Dubois, la Bible à la main, expliqua aux jeunes filles que c'était à cause de ce mépris pour les ordres de Dieu, à cause de cet amour de la toilette, à cause de ces mouvements d'humeur, à cause de ces mensonges, à cause de ces « petits » péchés, » que le Seigneur Jésus avait été cloué sur la croix; quand elle leur apprit que si ce bon Sauveur n'avait pas souffert à leur place, rien n'aurait pu les arracher aux peines éternelles; quand elle leur dit que Jésus les avait connues, aimées avant que le monde fût fait, qu'Il venait le premier à elles, qu'Il les appelait chacune en particulier, qu'Il leur offrait le salut, la force de l'accepter, le secours dont elles avaient besoin pour commencer une nouvelle vie; alors Louise sentit son cœur s'ébranler, il lui sembla que des écailles tombaient de ses yeux; elle vit le triste état de son âme, et elle en pleura; elle vit presque en même temps la main du Sauveur qui venait la relever; avec l'aide du Saint-Esprit elle crut de toute sa puissance que Christ l'avait rachetée, et elle se donna à Lui.

Clémence, très-intelligente, saisissait les vérités de l'Evangile. Son esprit l'avait vite compris; nos désobéissances à la loi de Dieu se comptent par milliers, et comme Dieu a dit : « Maudit est qui» conque ne persévère pas dans toutes les choses » qui sont écrites au livre de la loi pour les faire; »[1] nous sommes condamnés par notre propre conduite. Son esprit l'avait compris aussi, le Fils de Dieu est mort à la place de ceux qui croient en Lui; Il a pris pour Lui le châtiment et leur a donné sa justice, tellement qu'au lieu de se présenter nus et souillés devant le tribunal céleste, ils y viennent revêtus de la sainteté de Christ. Mais ces vérités dont Clémence pouvait rendre compte, ne pénétraient pas jusqu'à son cœur. Un grand fonds d'orgueil l'empêchait de s'humilier jusqu'à tout recevoir de Jésus, de sorte que sa science évangélique « l'enflait » au lieu de « l'édi» fier.[2] »

[1] Galates III, 10.—[2] Première Epître aux Corinth. VIII, 1.

Quant à Justine, la troisième des jeunes amies de Mme Dubois; d'une nature légère, elle avait, comme on dit, *bon cœur et mauvaise tête.* Douée d'une imagination ardente, d'un caractère bienveillant et gai, elle recevait avec joie et semblait s'approprier les enseignements de Mme Dubois, jusqu'au moment où une tentation de vanité, d'impatience, de déraison venant à la traverse, tout était oublié, quitte à se repentir après pour recommencer à la première occasion. La semence levait vite, mais le soleil en brûlait promptement les tendres tiges. [1]

Rose, la dernière des quatre jeunes filles, causait peu de satisfaction à la pieuse femme de charge. Elle se rendait avec assez de régularité aux entretiens du Dimanche, mais on voyait là un acte de complaisance, rien de plus. Elle y bâillait démesurément, ne pensait guère qu'à s'en aller le plus vite possible, répondait en répétant à peu de chose près ce qu'avaient dit les autres, ne sortait de cette froideur que pour se révolter contre telle ou telle parole de l'Ecriture, et s'écriait souvent, en parlant des conseils de Mme Dubois : que tout cela était bon pour les *vieilles gens*, qu'il

[1] Evangile selon saint Matth. XIII, 3 à 23.

faut s'amuser dans la jeunesse, et que, pourvu qu'on remplisse *les devoirs de sa religion*, tout va bien dans ce monde et dans l'autre.

Mme Dubois ne devait plus passer que deux semaines à Saint-Agrève. L'avenir de ses jeunes amies l'inquiétait. Elle pensait avec raison que durant sa longue absence, les jeunes filles se marieraient et deviendraient mères de famille. Elle-même, veuve alors, avait apprécié tout le bonheur, toute la force que donne une union chrétienne; bien souvent, hélas! elle avait eu l'occasion de voir quelles chutes entraîne une association où le Seigneur n'entre pas; et, non contente d'appeler les bénédictions de Dieu sur ses protégées, elle résolut de profiter des moments qui lui restaient pour leur exposer quelques principes indispensables, suivant son opinion, à la sainteté du mariage et à la félicité des époux.

Le Dimanche soir, les quatre jeunes filles se réunirent dans une des salles basses du château, où les recevait d'ordinaire Mme Dubois.

— Mes enfants, dit la femme de charge, je vais vous quitter; mon absence durera plusieurs années, et pendant ce temps vous serez peut-être appelées à vous marier.

Rose sourit, ses compagnes rougirent.

— C'est une chose très-grave, reprit Mme Dubois. Je désire m'entretenir avec vous de cet important sujet en présence du Seigneur. — Mes enfants, je crois qu'en général la vie conjugale est la vie qui nous convient. Dieu a dit, dans la Genèse : « Il n'est pas bon que l'homme soit seul, je lui » ferai une aide semblable à lui. »[1] Le Saint-Esprit nous annonce par la bouche de saint Paul « que la femme a été créée pour l'homme, »[2] et nous sentons bien qu'à moins d'une volonté particulière du Seigneur, nous associer à l'homme, « l'aider, » c'est notre affaire ici-bas. Nous sommes de faibles créatures, et nous avons besoin de secours; notre cœur est sensible, et il demande des objets d'affection; nos facultés cherchent à se développer, notre influence à s'établir, nos convictions à se répandre ; dès lors nous appuyer sur un époux, servir Dieu avec lui, élever nos enfants dans la vérité évangélique, établir l'ordre dans notre maison : voilà la perspective la plus douce pour nous, voilà le champ de travail où notre intelligence et notre foi trouvent le mieux à s'exercer.

[1] Genèse II, 18. — [2] Première aux Corinth. XI, 9.

— Pour moi, s'écria Clémence, avec cette liberté à laquelle l'indulgence de Mme Dubois les avait toutes accoutumées, pour moi, je ne veux pas me marier. On a trop de peine en ménage. Dans notre condition, il ne se rencontre guère de gens riches qui veuillent de nous, et devenir la femme d'un pauvre garçon, vivre dans la misère, travailler du grand matin au grand soir pour nourrir une troupe de marmots....

—Cela ne vaut pas l'indépendance, n'est-ce pas, Clémence? interrompit Mme Dubois. Vous aimeriez mieux faire votre volonté que d'obéir à un mari; mieux rester seule dans l'aisance, que de vivre dans la médiocrité avec un époux et des enfants. Clémence, aussi longtemps que vous pourriez les jours de fête, vous promener riche et pimpante, sur le cours; tant que vous seriez jeune, tant qu'on s'occuperait de vous, peut-être que votre vanité satisfaite tromperait votre cœur, en lui persuadant qu'il n'a besoin de rien; mais quand l'âge viendrait, quand votre orgueil n'aurait plus à se repaître de quelques avantages extérieurs, quand ceux qui vous recherchaient vous laisseraient dans un triste abandon; croyez-moi, mon enfant, vous regretteriez ces fatigues, cet assujettissement qu'amène le mariage... et qu'il n'amène pas lorsqu'il est chrétien, sans amener aussi d'immenses bénédictions.

— Madame, demanda timidement Louise à son tour, est-il possible de servir aussi fidèlement Dieu dans le mariage que dans le célibat?

— Et pourquoi non, mon enfant? Dieu, qui dès le commencement a fondé l'union conjugale, nous aurait-il préparé lui-même un genre de vie dans lequel nous ne saurions obéir qu'imparfaitement à sa volonté?

— Oh! non, Madame.... Cependant, il me semble qu'une femme non mariée peut se consacrer plus complètement aux œuvres chrétiennes, peut se dévouer mieux au soin des pauvres et des malades, qu'une femme assujettie à un époux, à une famille qui lui demandent tous ses moments.

— D'abord, Louise, dit Mme Dubois, souvenons-nous d'une chose trop souvent oubliée : c'est que ce mari, c'est que ces enfants, auxquels vous faites allusion, ont des âmes; c'est que ces âmes méritent aussi bien notre sollicitude que les âmes des pauvres et des malades dont vous parlez; c'est que Dieu ne nous a pas placées pour rien auprès d'eux, et que nous avons pour tâche naturelle, première, de travailler à leur sanctification et à leur bonheur. Et puis, disons-le-nous, pour qui le veut, il y a toujours dans toutes les carrières, dans celle de femme mariée comme dans les autres, des instants à donner aux malheureux. Ah! mon enfant, si chacun cultivait comme il faut son champ et sa vigne, si chacun s'efforçait de les agrandir en mordant sur les terres encore sauvages, notre globe serait bientôt couvert d'une productive végétation. Si chaque femme s'appliquait, avant tout, à vivre saintement avec son mari, à élever ses enfants dans la crainte de Dieu; si elle donnait fidèlement les moments de son loisir aux nécessiteux, le monde serait bientôt couvert de chrétiens, et il se trouverait que chacune de nous, dans son humble maisonnette, dans sa modeste condition, aurait, comme le missionnaire ou le pasteur, efficacement travaillé à l'avancement du règne de Dieu.

— Pardon, Madame, si je vous interromps encore, reprit Louise en rougissant beaucoup; mais comment expliquez-vous ce passage de saint Paul? —Et Louise, ouvrant sa Bible, lut à haute voix ces mots: « Pour ce qui concerne les vierges, je n'ai » point de commandement du Seigneur; mais j'en » donne avis comme ayant obtenu miséricorde du » Seigneur pour être fidèle. J'estime donc que

» cela est bon pour la nécessité présente, en tant
» qu'il est bon à l'homme d'être ainsi. Es-tu lié à
» une femme? ne cherche point d'en être séparé.
» Es-tu détaché de ta femme? ne cherche point de
» femme. Que si tu te maries, tu ne pèches point;
» et si la vierge se marie, elle ne pèche point aussi,
» mais ceux qui seront mariés auront des afflictions
» en la chair; or, je vous épargne. Mais je vous dis
» ceci, mes frères, que le temps est court; et ainsi
» que ceux qui ont une femme, soient comme s'ils
» n'en avaient point; et ceux qui sont dans les
» pleurs, comme s'ils n'étaient point dans les
» pleurs; et ceux qui sont dans la joie, comme
» s'ils n'étaient point dans la joie; et ceux qui achè-
» tent comme s'ils ne possédaient point, et ceux qui
» usent de ce monde, comme n'en abusant point;
» car la figure de ce monde passe. Or, je voudrais
» que vous fussiez sans inquiétude. Celui qui n'est
» point marié a soin des choses qui sont du Sei-
» gneur, comment il plaira au Seigneur. Mais ce-
» lui qui est marié a soin des choses de ce monde,
» et comment il plaira à sa femme, et ainsi il est
» divisé. La femme qui n'est point mariée et la
» vierge a soin des choses qui sont du Seigneur,
» pour être sainte de corps et d'esprit; mais celle
» qui est mariée a soin des choses du monde, com-

» ment elle plaira à son mari. Or, je dis ceci, » ayant égard à ce qui vous est utile, non point » pour vous tendre un piége, mais pour vous por- » ter à ce qui est bienséant, et propre à vous unir » au Seigneur sans aucune distraction. Mais si » quelqu'un croit que ce soit un déshonneur à sa » fille de passer la fleur de son âge et qu'il faille la » marier, qu'il fasse ce qu'il voudra, il ne pèche » point; qu'elle soit mariée. Mais celui qui demeure » ferme en son cœur, n'y ayant point de nécessité » qu'il marie sa fille, mais étant maître de sa pro- » pre volonté, a arrêté en son cœur de garder sa » fille, il a fait bien. Celui donc qui la marie » fait bien, mais celui qui ne la marie pas, fait » mieux. »[1]

— Reprenez un peu plus haut dans le chapitre, ma chère Louise, remarquez au verset sixième ces mots : « Je dis ceci par conseil et non par com- » mandement ; » au douxième, ceux-ci : « Je leur » dis, et non pas le Seigneur ; » au vingt-cinquiè- me, le premier de ceux que vous venez de citer, ces paroles : « Pour ce qui concerne les vierges, » je n'ai point de commandement du Seigneur. » Que nous apprennent de telles déclarations ?...

[1] Première Epître aux Corinth. VII. 25–38.

Que ces conseils viennent de l'homme, de l'Apôtre qui « a reçu miséricorde pour être fidèle » et qui « possède lui aussi l'Esprit de Dieu, » mais qu'ils ne sont pas « dictés » par le Saint-Esprit lui-même! Il y a donc une distinction à faire, et c'est saint Paul qui la fait, entre ses directions sur le célibat et le reste de la Bible. Saint Paul nous avertit, et ne nous avertit pas pour rien, du moment où il parle de son propre mouvement. Le soin particulier qu'il apporte à signaler l'instant où son inspiration, à lui, remplace l'inspiration directe, absolue du Saint-Esprit, ce soin qui fait ressortir fortement la divinité de toutes les autres expressions de la Bible; ce soin nous démontre qu'une différence très-réelle sépare la dictée du Saint-Esprit de la dictée de l'homme.

Mais il y a autre chose. Cette phrase : « pour, » ou « à cause de » la nécessité présente, nous fait voir que saint Paul parle ici pour son temps, pour un temps de trouble et de persécution, où le christianisme pénétrant dans les familles païennes, touchant le cœur de quelques-uns de leurs membres, obligeait l'épouse, obligeait la fille à choisir entre l'époux, entre la mère qui lui ordonnaient de sacrifier aux faux dieux, et Jésus qui lui ordonnait de n'adorer que Lui. Il parlait pour un temps où malgré les pleurs, les prières de parents idolâtres, le nouveau disciple de Christ devait renoncer à la vie, pour l'amour du Sauveur qui a dit : « Celui qui aime son père ou sa mère plus que moi, n'est pas digne de moi. »[1] Dans ces moments où l'existence était courte, il ne valait pour ainsi dire pas la peine d'accepter des devoirs que la main des bourreaux ne laissait pas aux disciples de Jésus le temps d'accomplir. Dans ces jours où il fallait confesser sa foi en présence des supplices, il était bon de ne tenir à la terre par aucun fil. Maintenant il en va tout autrement, nous sommes rentrés dans un état naturel, et les grandes lois naturelles de Dieu doivent nous régir de nouveau. Dieu a placé la carrière du mariage devant les femmes, il leur en a imposé les sérieuses obligations; gardons-nous, ma chère Louise, gardons-nous de vouloir faire mieux que Dieu; gardons-nous de sortir des conditions toutes simples d'une vie ordinaire, pour rêver une existence à part; ne mettons pas des devoirs et des dévoûments exceptionnels à la place des devoirs et du dévoûment de tous les jours, proposés à notre foi par le Seigneur ! Broutons devant nous l'herbe modeste des prés, ma chère enfant,

[1] Evangile selon saint Matth. X, 37.

au lieu d'aller chercher quelque savoureuse plante, quelque fleur délicate, sur des rochers où nous trouverions peut-être la mort. Si Dieu nous appelle à un genre de vie différent de celui des autres femmes; oh! alors, répondons avec une soumission joyeuse; mais ne nous écartons pas de la ligne unie et simple, sans une indication toute particulière de l'Eternel.

— Eh! sans doute! s'écria Justine avec vivacité, le mariage est fait pour nous, c'est clair. Quant à moi, je vais avoir vingt ans, et si je trouve une occasion convenable, un homme qui m'aime, qui ait bon cœur..., je n'hésiterai pas.

— Doucement, doucement, reprit en riant Mme Dubois. Nous ne nous comprenons pas encore. Se marier pour avoir un mari quel qu'il soit, n'est point ce que je veux dire; mieux vaut cent fois rester célibataire, que d'épouser le premier venu. Le mariage est une chose sérieuse, mes enfants, et si vous ne m'aviez pas interrompue (ce dont je suis loin de me plaindre), je vous aurais dit toute ma pensée là-dessus. M'y voici.

Lorsque je vous parle de « mariage, » j'entends le mariage dans sa pureté, le mariage tel que Dieu le forma, quand au jardin d'Eden il unit Adam et Eve; je n'entends pas l'association de deux êtres légers, indifférents à leur salut, qui ne se rassemblent que pour passer plus commodément quelques années sur la terre.

Il y a mariage et mariage. Au sein des pays où notre sainte foi n'a pas pénétré, ce qu'on appelle de ce nom, c'est une union corrompue, hideuse, qui ne ressemble pas plus à l'institution de Dieu, que le jour ne ressemble à la nuit. Dans les contrées où règne la fausse religion de Mahomet et chez quelques peuples païens, plusieurs femmes sont données à un homme; celui-ci les considère comme des esclaves, ne leur accorde aucune estime, aucune confiance; et ces pauvres créatures, profondément ignorantes, gardées à vue ainsi que des prisonnières, privées de leurs fils dès que ceux-ci ont atteint l'âge de six à sept ans, constamment remplacées dans le cœur de leur époux par quelque nouvelle favorite, ne se doutent ni des devoirs ni de la sainteté du mariage, vivent et meurent dans un abaissement, au milieu de douleurs dont nous ne pouvons nous faire une juste idée. Dans le reste des pays soumis à l'idolâtrie, souvent le mariage n'unit l'époux à l'épouse que pour un temps, souvent il est souillé par d'abominables crimes; mais ce qu'on retrouve partout où Jésus n'est pas connu, c'est l'asservissement des femmes. Dans les contrées où Christ ne règne point, elles sont tenues pour des êtres bornés, malfaisants, à peine supérieurs à la brute. On les tyrannise, on leur réserve les plus rudes travaux, on les maltraite au lieu de les protéger, et, il faut le dire, leur dégradation, résultat de ces procédés cruels, semble justifier la dureté des hommes. Voilà ce qu'est devenue l'union conjugale, partout où la bonne nouvelle du salut par grâce n'a pas renouvelé le cœur, et avec le cœur toutes les affections, toutes les habitudes.

— Ah ! s'écria Clémence, il n'est pas besoin d'aller chez les païens ou chez les Turcs, pour voir des femmes tourmentées par leurs maris ! Jean Firmin, dont les accès de violence ont détruit la santé de Jeanne; Joseph Charlet, qui s'enivre deux ou trois fois la semaine et qui tempête, jure, brise tout en rentrant chez lui; Jean Ricou, ce grand paresseux qui va aujourd'hui à la chasse, demain à la pêche, puis au marché, puis à la foire, pendant que Marguerite se fatigue à gagner péniblement quelques pauvres sous, ce sont là des exemples...

— Ce sont là des exemples, interrompit Mme Dubois, qu'il aurait été plus charitable de ne pas chercher parmi les gens de votre connaissance, mais qui nous prouvent la vérité de ce que j'avançais : c'est que, chez les chrétiens qui n'ont de Christ que le nom, pas plus que chez les païens ou chez les Musulmans, le mariage n'est ce qu'il doit être.

La brutalité, l'inconduite, l'avarice des hommes; la vanité, la désobéissance, le babil des femmes font les mauvais ménages. A la place de ces vices on verrait bientôt régner la douceur, l'ordre, le bon accord, si, au lieu de mettre l'Evangile dans leur tête, hommes et femmes le mettaient dans leur cœur.

Mais dites-le-moi vous-mêmes, mes enfants, à quoi faut-il regarder quand on se marie?

— Au mari qu'on prend, répondit timidement Louise.

— Sans doute. Avant tout cependant, il faut regarder à soi-même. Oui, mes chères filles, il faut savoir si l'on comprend bien ce que c'est que le mariage. Il faut savoir si l'on y entre légèrement, comme dans un état où l'on ne doit rencontrer que plaisir et qu'indépendance, ou bien si l'on s'en approche avec sérieux, si l'on mesure l'étendue des obligations qu'il impose, si l'on pressent que pour les accomplir le secours du Seigneur sera constamment nécessaire. Le premier cas est-il le vôtre; nourrissez-vous ces fausses idées sur l'union? ne vous mariez pas ; vous ne seriez nullement propres à remplir les devoirs de la vie conjugale; pas plus à aimer un mari, à servir avec lui le Seigneur, qu'à élever des enfants. Et puis, vous choisiriez mal. L'une accepterait le premier étourdi qui répondrait à ses frivoles désirs; l'autre chercherait quelque homme riche qui satisfît les besoins de son orgueil; celle-ci se laisserait séduire par deux ou trois mots d'amour; chacune prendrait un mari pour ses passions, et les mariages de péché avec péché n'enfantent que du désordre.

Etes-vous au contraire dans le second cas; comprenez-vous tout ce qu'a de sérieux l'acte qui vous donne à un autre? vous pouvez vous marier. Alors commence cet important examen dont parlait Louise, celui de l'homme qui doit être votre mari.

Cet homme, mes chères amies, ne le cherchez ni parmi les jeunes gens avides de plaisir, ni parmi ceux qui vivent dans l'indifférence religieuse, ni parmi les êtres immoraux qui s'efforceront peut-être de vous entraîner à l'oubli de la modestie. Cet homme, mes enfants, si vous le voulez tel qu'il puisse vous rendre heureuses, cet homme sera un véritable chrétien, cet homme sera un frère avec lequel vous pourrez lire la Bible et prier d'un même cœur. Vous le rencontrerez difficilement, mais Dieu qui est puissant le mettra sur votre chemin, s'Il veut que vous embrassiez la carrière de femme mariée; et s'Il ne le fait point, mes chères filles, restez dans le célibat : il n'y a pas de bénédiction dans l'union formée avec un incrédule, avec un tiède, avec un mauvais sujet.

— Cependant, demanda Justine, ne peut-on espérer de gagner à l'Evangile un mari qui nous aime?

— Pour faire des conversions, mon enfant, il faut posséder soi-même une conviction ferme, n'est-ce pas?

— Je le crois, Madame.

— Eh bien, Justine! penses-tu qu'une jeune fille qui ne s'arrêterait pas devant cet ordre de Dieu : « Ne portez pas un même joug avec les infidèles; car quelle participation y a-t-il de la justice avec l'iniquité? et quelle communication y a-t-il de la lumière avec les ténèbres? Sortez du milieu d'eux et vous en séparez, dit le Seigneur. »[1] Penses-tu qu'une jeune fille qui, sachant un homme impur, léger, immoral, s'unirait à lui,

[1] Deuxième Epître aux Corinth. VI, 14, 17.

c'est-à-dire jurerait de lui obéir; penses-tu que cette jeune fille montrât une foi sincère, une foi capable de transporter des montagnes?

— Oh! non! murmura Justine.

— De quel droit, mon enfant, crois-tu qu'on pourrait parler à un mari de fidélité envers Dieu, quand, par l'acte le plus grave de la vie, on lui aurait donné l'exemple d'une complète désobéissance aux prescriptions du Seigneur? Quel respect un époux concevrait-il pour des croyances qui n'ont pas su garder notre cœur contre une telle tentation?

— Cependant, Madame, saint Paul dit: « Si quelque femme a un mari infidèle et qu'il consente à habiter avec elle, qu'elle ne le quitte point.... Car que sais-tu, femme, si tu ne sauveras point ton mari? »[1]

— Ici, mon enfant, Dieu promet son secours aux femmes que le christianisme trouve unies à un époux privé de sa connaissance, aux femmes dont la conscience se réveille pour la première fois au milieu de nœuds déjà formés et formés dans un temps d'ignorance; Il ne s'adresse nullement à la jeune fille éclairée, qui, de propos délibéré, viole

[1] Première Épître aux Corinth. VII, 13, 16.

les commandements de l'Eternel en se choisissant pour maître et pour appui un homme qui ne le craint pas, qui ne l'aime pas, qui combat contre Lui peut-être.

— S'il n'est qu'indifférent ! ajouta tout bas Justine.

— S'il n'est qu'indifférent, son indifférence vous gagnera. Oh ! mes chères enfants, ne vous faites pas d'illusions. Donner la main au péché, c'est lui livrer l'âme tout entière. Vous croyez que votre piété réchauffera le cœur engourdi du tiède : vous vous trompez, c'est sa tiédeur qui engourdira votre piété. Tantôt vous craindrez de déplaire à un époux en vous montrant trop scrupuleuses, trop rigides ; tantôt vous essaierez de l'attirer à vous, en faisant un pas vers l'oubli des volontés de Dieu, vers la légèreté, vers l'amour du gain, vers les mauvais plaisirs. Vos lectures de la Bible, vos prières ennuieront cet époux, il n'y prendra aucune part, il s'en moquera peut-être ; bientôt elles vous paraîtront, à vous aussi, longues et fastidieuses. Il vous dira qu'en travaillant, qu'en s'aimant, on sert mieux l'Eternel qu'en méditant sans cesse.... et vous le croirez ; vous vous écarterez du Seigneur ; votre âme privée de nourriture se desséchera ; la pensée de Dieu, au lieu de vous causer de la joie, vous causera des remords, de la crainte; vous fuirez votre unique Sauveur, et vous vous perdrez, séduites par Satan le menteur, qui vous aura fait croire que vous pouviez ramener un égaré, en vous égarant vous-mêmes!

— Moi, il me semble, s'écria brusquement Rose, que, pourvu qu'un mari nous laisse libres de remplir les devoirs de notre religion, c'est tout ce qu'il nous faut. On peut ne pas penser de même et vivre en bonne intelligence. Quand on a de l'affection l'un pour l'autre, cela suffit à la paix.

— Rose, croyez-vous que « remplir les devoirs de sa religion, » c'est-à-dire aller au temple, à ce que je suppose, réciter le matin et le soir une prière, lire quelques versets à la hâte et pour l'acquit de sa conscience; croyez-vous que ce soit là tout ce que demande Christ? Croyez-vous qu'Il s'arrête aux paroles, aux pratiques, et qu'Il n'aille pas au cœur? Croyez-vous qu'on puisse Lui faire prendre des semblants de respect et d'amour pour une véritable tendresse, pour une véritable soumission?

D'ailleurs je viens de vous le dire, mes enfants, ces dehors de piété, on ne les conserve guère avec un époux indifférent ou incrédule. En le choisissant pour son seigneur, on a fait un premier acte de rébellion envers Dieu, les autres suivent de près. — Mais vous avez parlé d'affection, Rose, d'affection entre deux personnes que n'unit pas une même foi au Père céleste! Cette affection, si elle naît, ne dure pas; elle ne peut pas durer. Non, mes enfants, en dehors du Seigneur, il y a rarement d'amitié éternelle. Les défauts, la mauvaise humeur, la colère, la dissimulation, l'orgueil, toutes les passions que le Saint-Esprit combat et qu'il chasse du cœur; toutes ces passions sont les ennemies du bon accord. Les vices contre lesquels Jésus nous met en garde détruisent la paix. Quand Christ ne règne pas dans l'âme des époux, c'est le monde, c'est le péché qui les dominent, et avec le péché viennent les disputes, viennent les larmes.

Cependant, Rose, j'admets que vous aimiez un époux qui n'aime pas Dieu, j'admets que cet époux vous aime, j'admets que vous puissiez vivre l'un avec l'autre en bonne intelligence.... Quand la mort frappera ses coups, quand elle vous arrachera votre mari, quand vous saurez que cette pauvre âme pécheresse paraît devant son Juge et qu'il y a contre elle une condamnation... votre cœur ne sera-t-il pas brisé? Pourrez-vous trouver des consolations?...

Rose secoua la tête, regarda d'un autre côté,

2.

pensa que Dieu était « trop bon » pour damner personne; et Mme Dubois qui la devina soupira profondément.

— Dieu a des miséricordes pour tous ceux qui se tournent vers lui d'un cœur droit, dit-elle; Il a, par conséquent, des compassions pour celle qui revient à lui, après l'avoir offensé en prenant un époux dépourvu de foi; mais, je vous le répète, celle-là s'est placée dans la plus défavorable des conditions.

Maintenant, mes chères filles, il me reste à vous prémunir contre un grand danger.... Je veux parler des mariages mixtes, de l'union avec un membre de l'église romaine.

— Les catholiques sont pourtant des chrétiens? interrompit Clémence.

— Oui, mais, aux divines vérités de l'Evangile, ils ont ajouté une foule d'erreurs humaines; ils ont tendu, entre la croix de Christ et le pécheur, des filets qui arrêtent celui-ci dans sa course et l'empêchent souvent d'arriver à Jésus.

— Mais un catholique peut être sauvé, il peut mettre toute son espérance dans le sacrifice du Seigneur, on peut lire avec lui la Parole de Dieu, prier, servir Christ! reprit vivement Clémence.

— Un catholique romain peut être sauvé, répondit Mme Dubois, mais il le sera difficilement tant qu'il restera enveloppé dans les fausses croyances de sa religion. Il peut mettre son espérance en Jésus, ne la mettre qu'en lui ; mais, pour le faire, il devra refuser sa foi aux « papes, » à ces représentants infaillibles de Christ, qui déclarent que par le moyen d'un pardon acheté à prix d'argent, que par le moyen de pénitences régulièrement accomplies, de prières récitées un certain nombre de fois, le pécheur apaise la colère de Dieu; tandis que Dieu, Lui, dit dans sa Parole : Personne ne pourra en aucune manière racheter son frère, ni donner à Dieu sa rançon. [1] — Vous avez été rachetés...non point par des choses corruptibles, comme par argent ou par or; mais par le précieux sang de Christ.[2]— Vous êtes sauvés par la grâce, par la foi; et cela ne vient point de vous, c'est le don de Dieu; non point par les œuvres, afin que personne ne se glorifie; [3]—et plus loin : Quand vous priez, n'usez point de vaines redites, comme font les païens; car ils s'imaginent d'être exaucés en parlant beaucoup. [4]

Il ne devra pas croire « les conciles, » ces interprètes infaillibles de la volonté divine, qui lui or-

[1] Psaume XLIX, 7, 8. — [2] Ire Epître de saint Pierre, I, 18, 19.— [3] Ephésiens II, 8, 9.— [4] Evang. selon saint Matth. VI, 7.

donnent d'adresser un culte à des hommes [1] et de les regarder comme des médiateurs, tandis que Dieu, Lui, dit: Tu adoreras le Seigneur ton Dieu, tu le serviras lui seul.[2] — Il y a un seul Dieu, un seul médiateur entre Dieu et les hommes, savoir Jésus-Christ homme, qui s'est donné en rançon pour tous. [3]

Il devra désobéir à « l'Eglise, » dépositaire infaillible du Saint-Esprit, qui déclare Marie immaculée [4] et lui enjoint de l'intercéder, tandis que Jésus par ces mots : Femme, qu'y a-t-il entre toi et moi ! [5] — tandis que l'ange de l'Eternel par ceux-ci : Je te salue, ô toi qui es « reçue » en grâce ; [6] — tandis que Marie elle-même, par ces paroles : Mon esprit s'est égayé en Dieu, « qui est mon Sauveur, » car il a regardé la « bassesse » de sa servante, [7] — lui montrent clairement que la mère de Jésus, bénie entre toutes les femmes, est une créature sujette au péché, rachetée par le sang de Christ, pardonnée par « grâce, » incapable de sauver ou d'entrer en aucune manière dans l'œuvre divine de la rédemption, car « qu'y a-t-il, » femme, entre toi et moi ! » [8]

[1] Aux saints. — [2] Evangile selon saint Luc, IV, 8. — [3] Première Epître à Timoth. II, 5, 6. — [4] Sans tache, sans péché. — [5] Evang. selon saint Jean II, 4. — [6] Evang. selon saint Luc I, 28. — [7] Id. 47, 48. — [8] Evang. selon saint Jean II, 4.

On peut, avec un catholique romain, lire la Bible. Oui, s'il viole le commandement de ses chefs spirituels, s'il ouvre le livre sacré en dépit de ces « brefs » où le vicaire de Christ, faisant Christ menteur, proscrit la lecture de la Bible, et décide qu'elle n'est écrite ni pour les « petits » ni pour les « ignorants, » tandis que Christ, Lui, dit : Sondez diligemment les Ecritures, car vous estimez avoir par elles la vie éternelle, et ce sont elles qui rendent témoignage de moi.[1] — Je te célèbre, ô mon Père! Seigneur du ciel et de la terre, de ce que tu as caché ces choses aux sages et aux intelligents, et que tu les as révélées aux petits enfants;[2] — et dans le Deutéronome, par la bouche de Moïse : Les choses cachées sont pour l'Eternel notre Dieu; mais les « choses révélées » sont pour nous et nos enfants à « jamais. »[3]

Mais de bonne foi, croyez-vous tout cela bien facile? Pensez-vous qu'un catholique éclairé, émancipé de la sorte, reste catholique?... S'il reconnaît les erreurs de sa communion, attendez pour lui donner votre vie à diriger, attendez qu'il en ait secoué le joug, attendez qu'il ait pris celui de Christ. S'il ne les reconnaît point,

[1] Evangile selon saint Jean, V, 39. — [2] Matth. XI, 25. — [3] Deut. XXIX, 29.

gardez-vous d'en faire votre mari. Dans ce dernier cas, ou il est insouciant en matière de foi, et vous retombez dans les misères d'une association sans Dieu; ou il est disciple fervent de l'église romaine; et, en l'épousant, vous vous soumettez à ce que vous regardez comme un mensonge. Alors, pour vous plus d'unité dans les pensées, dans les actes, mais au contraire toutes les douleurs qu'entraîne la séparation dans ce qui fait la vie de l'âme et des affections : dans la foi. Alors, vous verrez un époux s'éloigner chaque jour davantage de ce que vous estimez être la seule vérité vraie, la seule qui sauve. Alors, vous verrez des hommes, pécheurs comme lui, comme vous, comme nous tous, prendre, sous le nom de confesseurs et de directeurs, une souveraine, souvent une déplorable influence dans votre maison ; vous les verrez, se mettant à la place de Dieu, prononcer tantôt l'anathème, tantôt l'absolution; arracher à l'âme de votre mari sa responsabilité, dominer absolument sa conscience et celle de vos enfants... Vos enfants! Ah! Clémence, quelle responsabilité! Si un mari vous laissait la liberté de les élever dans vos convictions évangéliques, cette complaisance ne dénoterait-elle pas chez lui une indifférence religieuse, qui devrait à elle seule vous empêcher de l'épouser! Et s'il exigeait que tous ou que quelques-uns seulement entrassent dans l'église romaine, pourriez-vous y consentir ? Assujettiriez-vous à l'erreur, à une erreur qui les retiendra peut-être loin de Jésus, ces âmes que Jésus vous a confiées ? Renonceriez-vous à vos droits sur eux, au droit doux et sacré de les instruire dans la foi purement évangélique ? Les livreriez-vous à d'autres, à d'autres que vous savez égarés ?

Mes filles, mes chères filles, je vous le demande au nom du Seigneur qui est présent quoique invisible, dans un mari cherchez avant tout une piété solide et vraie. Ne vous laissez séduire ni par votre imagination, ni par votre orgueil, ni par votre légèreté. Ne confiez la direction de votre existence qu'à l'homme avec lequel vous pourrez méditer les Ecritures, prier Dieu, qu'à l'homme que Jésus aura appelé et qui aura répondu.

— Madame, avec le secours du Saint-Esprit, j'ose vous le promettre, s'écria Louise fortement émue... Oui, je le sens, la communion chrétienne avec un époux, il ne faut rien de plus pour la sanctification et pour le bonheur.

Mme Dubois la regarda tendrement. Après un instant de silence : — C'est la première, c'est l'indispensable condition, reprit-elle, cependant il faut encore autre chose... Je vais vous l'apprendre en peu de mots, car la nuit approche, il nous reste pour Dimanche prochain plusieurs sujets à traiter, Mme de Mallens aura besoin de moi de bonne heure... et puis n'aurons-nous pas à nous dire adieu... pour longtemps peut-être!...

—Chère Louise, les caractères, les goûts des époux, doivent non pas, comprenez-moi bien, être parfaitement pareils, mais s'accorder, se convenir, s'adapter les uns aux autres. Le christianisme tempère les fortes divergences, il les efface difficilement. Des époux pieux et très-opposés d'humeur ne se querelleront pas, mais ils auront de la peine à maintenir la paix; ils ne tireront pas chacun de leur côté, comme on le voit faire aux époux mondains, mais il leur sera malaisé d'établir l'intimité; en un mot, ils entasseront devant eux des difficultés dont, à la longue, une foi vive pourra bien débarrasser leur route, mais qui useront beaucoup de leurs forces, mais qui peut-être retarderont leur sanctification.

Appliquez-vous donc à connaître le caractère d'un futur époux, le vôtre; demandez au Saint-Esprit de vous éclairer dans cet examen. Si les différences qui vous séparent sont de celles que la vie en commun, que l'amour de Jésus fait disparaître; si elles sont de celles qui resserrent les liens au lieu de les relâcher, comme par exemple le contraste de l'énergie avec la douceur, de l'ardeur impétueuse avec le calme réfléchi; unissez-vous, vous le pouvez sans crainte. Si vous pensez au contraire que telle ou telle divergence, loin de s'atténuer doive s'accroître, loin de fortifier l'union doive amener de l'antipathie, ne fût-ce que de l'éloignement, oh! rompez alors, épargnez-vous, épargnez à l'homme qui vous recherche les chagrins que vous causeraient de perpétuelles divisions.

Ce n'est pas tout, mes enfants.

Gardez-vous d'entrer trop jeunes dans la carrière conjugale. Il faut s'élever soi-même au sein du mariage; pour s'élever il faut se connaître, et l'âge où l'on commence à s'étudier, à se rendre compte des choses, à travailler sur son cœur, c'est l'âge de dix-huit, de dix-neuf, de vingt ans.

Même alors, on voit bien confusément en soi-même, bien confusément dans la vie, on est rarement en état de choisir sainement, parce qu'on n'a pas encore appris à distinguer l'homme dont l'âme appartient réellement à Christ, de l'homme qu'un moment d'entraînement, que les ruses d'un calcul habile rapprochent pour quelques jours de son Sauveur. On ne connaît ni soi ni les autres, et si l'on se décide, habituellement l'on se décide mal.

Mais je veux qu'une jeune fille de dix-huit à vingt ans ait fait un bon choix, elle n'est qu'au commencement de sa tâche. A peine quelques semaines se sont-elles écoulées depuis le jour des noces, que d'un côté comme de l'autre, voici des défauts qui paraissent, qui froissent, qui demandent du support; voici des devoirs envers un mari, envers un beau-père, envers une belle-mère; voici des soins à donner au ménage, de l'ordre à établir, des habitudes nouvelles à prendre. Tout cela étonne, tout cela trouble, souvent afflige. De quel côté se tourner, comment s'y prendre, par où commencer? — La femme trop jeune risque de se tromper faute d'expérience, faute de réflexion, faute de bonne volonté parfois. Elle risque de se livrer à de premiers mouvements impétueux, elle risque de plier quand il faudrait résister, de résister quand il faudrait plier. Et puis, son influence dans la maison s'établit difficilement. Un mari, des parents, lui ferment la bouche avec ces mots: « Vous n'êtes qu'une enfant! » Ils trouvent dans sa jeunesse un commode prétexte pour ne l'écouter point, même lorsqu'elle a raison.

— Si cette jeune fille est chrétienne, le Seigneur ne se tient-il pas à son côté? demanda Louise.

— Oui, ma Louise, il s'y tient, il n'abandonne point ses rachetés. Mais quand on se place volontairement dans une position dangereuse, le Seigneur nous en laisse sentir les épines. Vous avez pu le remarquer: Jésus, qui nous annonce le pardon de nos péchés, permet cependant que nous recueillions quelques-uns de leurs fruits les plus âpres.

Si, dans un moment de mauvaise humeur, je me fâche contre le cuisinier qui a manqué un plat, contre le valet-de-chambre qui a laissé tomber un plateau de porcelaine, je pourrai bien me repentir, demander pardon à mes compagnons de service, me réjouir de ce que Christ a effacé ma faute ; mais on n'en dira pas moins à l'office : Madame Dubois, avec ses grands principes, est aussi colère qu'une autre! Mon impatience aura fait tort à l'Evangile, j'en éprouverai un chagrin amer.

Encore un mot, et ceci, mes chères enfants, n'est qu'une considération secondaire, une condition qui va longtemps après les autres. Sans chercher la fortune dans un mari, ne vous associez qu'après mûre réflexion à un homme dont l'indigence vous soumettrait, vous et vos enfants, aux tourments de la misère.

— Avec des bras, une bonne santé, une volonté forte, dit Justine, il me semble qu'on a tout ce qui est nécessaire pour vivre.

— Pas toujours. La santé, Dieu peut la retirer; la volonté, elle s'use parfois; l'ouvrage, souvent il manque aux bras. Ah! vous ne savez pas ce que c'est que les cris de petits enfants qui ont faim; vous ne savez pas ce que c'est que les gémissements d'un mari qui souffre, étendu sur quelque mauvais grabat, d'un mari dont le travail nourrissait toute la famille, et auquel on ne peut procurer aucun soulagement, pas même une visite du médecin!

— Il n'y a aucun doute, s'écria Clémence, l'argent sert à tout! On est tranquille sur son avenir, sur celui de ses enfants, lorsqu'on épouse un homme riche. Et puis l'on peut s'accorder quelques jouissances, l'on peut donner une bonne éducation à ses fils, à ses filles, on peut répandre des aumônes en abondance...

— Oui, interrompit Mme Dubois, et l'on peut aussi attacher son cœur à des vanités, mettre son plaisir à se voir la plus huppée du village; on peut oublier les misères du prochain, misères qui échappent d'autant mieux à la mémoire, qu'on ne les a point éprouvées. On peut se faire une idole de ses biens, croire, comme vous le disiez, ma fille, que l'argent suffit à tout; on peut sacrifier, dans le choix d'un mari, la recherche des convictions religieuses, des sympathies de caractère, à celle de la fortune; on peut encore rencontrer dans un homme riche un cœur avare, et l'on peut se repentir toute une vie, toute une éternité, d'avoir placé au premier rang ce qui devait tenir le dernier.

Mes chères enfants, je le redis à satiété, cherchez d'abord la foi dans un mari, puis la conformité des idées, des goûts; après, très-longtemps après, l'aisance. Vous rencontrerez malaisément de tels avantages réunis chez un seul individu, mais du moins vous n'accepterez pas l'homme auquel manquerait la piété; et si, ne trouvant ni aisance, ni une parfaite convenance de caractère chez celui qui craint Dieu, vous vous décidez à passer outre et à l'épouser, vous saurez à quelles difficultés vous vous soumettez; vos cœurs en seront mieux disposés à chercher leur force auprès de l'Eternel.

Il se fait tard, partez, mes enfants, retournez chez vos parents. Adieu... à Dimanche.

Les quatre jeunes filles s'acheminèrent par le sentier qui serpentait autour de la colline couverte d'oliviers. Après un instant de silence: — Mme Dubois est drôle, dit Rose, où veut-elle donc que nous prenions un mari bien pieux, bien aimable et bien riche!

— Encore si elle nous permettait de nous divertir avec la jeunesse, ajouta Justine, on pourrait se rencontrer, faire connaissance!... mais tant que nous vivrons comme des religieuses au couvent... il n'y a pas de risque!...

— Pouvez-vous parler de la sorte, s'écria Louise. Rose, Mme Dubois ne vient-elle pas de dire que nous trouverions difficilement toutes ces qualités dans un mari, que la première est seule indispensable, qu'elle a parlé des autres parce qu'il faut les chercher, parce qu'on peut les rencontrer, parce qu'il faut savoir ce que c'est que le mariage, mais non...

— Ah! la voilà qui va recommencer toute la leçon, interrompit Rose, j'en ai assez comme ça! et poussant un bruyant éclat de rire, elle s'élança la première au bas du sentier.

— Pour moi, reprit Louise un peu blessée mais

d'un ton plus doux et plus modeste, pour moi j'en ai l'espoir, Dieu me dirigera. J'attendrai, pour entrer dans la vie conjugale, d'avoir trouvé un homme qui aime le Seigneur. Dieu saura bien me le faire rencontrer s'il veut que je me marie... et si je ne le rencontre pas, je ne me marierai pas.

— Tiens! elle a raison pourtant! dit Justine qui très-vite entrainée revenait vite aussi.

— Alors, fit Clémence, vous désobéirez à Mme Dubois, car elle veut qu'on se marie.

— Qu'on se marie lorsqu'on peut le faire selon Dieu, reprit Louise en souriant, et qu'on reste dans le célibat quand on ne peut en sortir sans déplaire au Sauveur.

— Bah! bah! s'écria Rose qui attendait ses compagnes au pied du côteau, vous avez beau dire, j'épouserai, moi, un joli homme, gai, en train, bon vivant, et s'il ne pense pas comme moi en religion... eh bien, nous prierons Dieu chacun à notre manière!

— C'est-à-dire que vous ne le prierez peut-être ni l'un ni l'autre, interrompit Justine en se rapprochant de Louise. Celle-ci la poussa du coude. — Ne l'irritez pas, murmura-t-elle tout bas. Puis elle dit à haute voix : — Ma chère Rose, il me semble qu'il n'y a qu'une manière de prier Dieu.

— Oui? fit Rose, et laquelle, s'il vous plaît?

— Celle que nous indique la Bible. Il nous est ordonné dans les Saintes-Ecritures de prier au nom de Jésus, de Jésus seul, et Christ dit: « Nul ne vient au Père que par moi. »[1]

— Je n'épouserai ni un païen, ni un Turc, répliqua brusquement Rose, j'épouserai un chrétien... tous les chrétiens croient au Christ... vous m'accorderez cela peut-être?

Louise comprit qu'il serait inutile, fâcheux même de pousser la discussion plus loin, elle se tut. Justine déclara que, quant à elle, elle voulait voir le monde avant de s'engager pour la vie. Clémence dit que sans doute la piété et les convenances de caractère avaient leur importance, mais que la richesse a son mérite aussi; que les soins grossiers du ménage ne lui convenaient guère, qu'elle se déciderait difficilement à épouser un homme qui ne lui procurerait pas les jouissances de la fortune, tout au moins celles de l'aisance; et chacune regagna son logis, rapportant de cet entretien selon ce qu'elle y avait porté: Louise, une résolution conforme à l'esprit de l'Évangile; Justine, un improductif mélange de désirs pieux et de pen-

[1] Evangile selon saint Jean XIV, 6.

chants mondains; Clémence, des besoins orgueilleux dont ne la délivrait pas une foi morte; Rose, une sécheresse, presque une inimitié contre Dieu, que cette application des principes chrétiens à la vie pratique venait de mettre dans tout leur jour.

SECOND ENTRETIEN.

Il était plus de cinq heures du soir quand, le Dimanche suivant, les jeunes amies de Mme Dubois se réunirent au château.

— Mes enfants, dit Mme Dubois d'une voix émue, voici notre dernière conversation. J'ai essayé de vous guider dans le choix d'un époux; maintenant causons comme si, mariées depuis peu de jours, vous veniez chercher quelques conseils auprès de moi.

D'abord, mes enfants, j'espère que vos noces ont été modestes, qu'on ne vous a pas vu dépenser en repas, en bals, en achats de meubles ou de vêtements inutiles, les trois quarts de vos économies.

Les jeunes filles sourirent.

— Il me souvient, poursuivit Mme Dubois, des

noces d'un jeune homme et d'une jeune fille qui avaient de bonnes qualités, qui s'aimaient, mais qui aimaient encore plus la vanité et les plaisirs. Marie, après cinq ans passés chez de riches bourgeois en qualité de cuisinière, possédait trois cents francs environ. Jacques, ouvrier maçon, avait amassé de son côté quelque argent. Leur union résolue, ils ne s'occupèrent plus que des emplettes nécessaires à leur entrée en ménage.

Marie, un peu fière, ne trouvait jamais que son linge fût assez beau, que ses meubles fussent assez soignés, que ses robes et ses bonnets fussent assez nombreux. Ceci manquait dans sa cuisine, cela dans sa chambre, et toujours l'on retournait au marchand.

Jacques, imprévoyant, faible de caractère, laissait faire sa fiancée. Lorsque tout fut acheté, les trois cents francs, la plus grande partie des économies du futur mari avaient disparu. Mais le jour de la cérémonie arrivait, il fallait bien faire admirer ses richesses, on s'attendait à de belles noces; qu'auraient dit les compagnes de la mariée, les amis de l'époux, tout le village, si après tant d'emplettes qui annonçaient l'opulence, le mariage s'était fait sans bruit?

Jacques aurait pris son parti d'une telle humiliation; Marie n'en pouvait supporter l'idée. On se dit qu'avec un peu de travail, qu'avec beaucoup d'ordre on rattraperait vite l'argent dépensé; on fit des invitations, on prépara un repas somptueux, on dansa, on mangea; et dans ces moments si solennels où deux époux devraient se recueillir, prier Dieu de bénir leur union, prendre sous ses yeux des résolutions sérieuses, on se livra à toute la folie des plaisirs les plus bruyants et les plus frivoles. Ces jours d'ivresse passés, les nouveaux mariés se retrouvèrent seuls, en face des dettes qu'il avait fallu contracter pour soutenir jusqu'au bout le rôle de ménage opulent. Etonnés d'une telle indigence, l'âme débilitée par la dissipation, mal disposés l'un envers l'autre, ils s'adressèrent des reproches qui furent mal reçus; les bouderies, les querelles suivirent. Plus tard arrivèrent des enfants; le travail suffisait à peine à la nourriture de chaque jour, les dettes restaient; las d'attendre, les créanciers firent un beau matin saisir ce mobilier, ces hardes, causes de tant de misères. Les souffrances de la pauvreté furent accueillies sans résignation, car ce mauvais commencement avait tout gâté, et ni l'affection ni la paix ne rentrèrent dans ce ménage, d'où les avait chassées le désir insensé de briller aux yeux des voisins.

Mes enfants, veillez et priez dès l'entrée de la carrière conjugale.

Les débuts ont une grande importance.

Si, dès le premier jour, plaçant votre union sous la protection du Seigneur, vous étudiez la Bible, vous invoquez le Père céleste avec un époux, tout ira bien. Si, au contraire, vous pensez pouvoir vous passer des secours que l'Eternel vous donne par le moyen de sa révélation ; si vous renvoyez à demain, et à demain encore, pour sonder les Ecritures avec votre mari, pour unir vos cœurs dans la prière, tout ira mal. Vos défauts, ceux d'un mari briseront bientôt leur enveloppe, et comme ni l'un ni l'autre vous ne chercherez la sanctification vers Celui qui la donne, vos mauvaises dispositions s'accroîtront au lieu de s'effacer. Elles amèneront le désordre, l'éloignement, infailliblement le malheur.

— Comment forcer un homme..... comme sont les hommes, à lire, à prier tous les jours avec sa femme ? demanda Justine.

— Oh ! mon enfant, j'espère que vous n'avez pas épousé un homme « comme sont les hommes, » c'est-à-dire, si je vous comprends bien, un homme indifférent, léger ou incrédule ! Cependant je veux entrer dans la supposition que vous faites. Votre mari se soucie fort peu des choses du ciel, il ne s'inquiète en aucune façon de l'avenir de son âme; il nourrit ces fausses idées : que travailler c'est prier; que Dieu ne nous menace que pour nous effrayer; qu'en fin de compte, s'il y a réellement un enfer et un paradis, le premier ne renfermera personne, le second s'ouvrira pour tout le monde. Quoi! Justine, vous connaissez son état spirituel, vous le savez dangereux et vous vous tairiez! vous prendriez votre parti de voir un époux se perdre pour toujours! vous vous accommoderiez d'une vie passée tout entière loin du Seigneur! vous vous établiriez à votre aise dans le mensonge d'une fausse sécurité.

— Non, Madame, murmura Justine; j'essaierais..... je m'efforcerais..... mais.....

— Mais sans avoir l'espérance de réussir, n'est-ce pas, Justine?

La jeune fille se tut.

— Je ne sais en effet si vous réussiriez, ma chère enfant; mais ce que je sais bien, c'est que votre devoir le plus pressant serait de tout tenter pour amener un époux à la vérité évangélique. Ce que je sais encore, c'est que sans une grande foi en la fidélité de Jésus qui bénit de tels efforts, vous n'auriez ni zèle, ni persévérance, ni charité.

— Oh ! moi ! s'écria Louise en joignant les mains, si j'étais assez malheureuse pour me trouver unie à un mari sans religion, je ne goûterais aucun bonheur, aucune paix jusqu'à ce que son cœur fût changé. Je ne négligerais rien pour le convertir ; le matin, le soir, je serais près de lui avec ma Bible, je le supplierais de l'ouvrir, je le fatiguerais peut-être, mais je vaincrais !

— Vous le fatigueriez, ma chère Louise, c'est certain ; quant à le vaincre..... c'est moins sûr. Mes enfants, nous rencontrons ici un des plus dangereux écueils du zèle chrétien. Oui, il faut que le désir d'attirer un époux à Christ brûle notre cœur, mais il ne faut pas que ce désir nous incite à tyranniser, à tourmenter notre mari ; il ne faut pas surtout qu'il nous fasse oublier les plus évidentes règles de la soumission conjugale, de la douceur, de la prudence évangéliques.

Un époux ne veut pas prier avec nous, il s'obstine à laisser sa Bible fermée ; eh bien, prions pour lui ! que notre obéissance, que notre affection lui montrent les effets de cette Parole de Dieu qu'il méprise ! De temps à autre, lorsqu'il est heureusement disposé, disons-lui quelques-unes des admirables promesses que contiennent les Saintes-Ecritures ; racontons-lui quelques-unes des instructives histoires qu'elles renferment; s'il le permet, lisons-lui un verset ou deux, mais n'imposons pas notre foi. La faire aimer, voilà tout notre droit, tout notre devoir.

— C'est clair! dit Rose; on peut suivre sa religion sans étudier la Bible du matin au soir; on n'a pas besoin de passer des heures à genoux pour vivre en présence de Dieu.

— Non, répliqua Mme Dubois, profondément attristée par l'endurcissement de Rose, non, il n'est pas nécessaire de lire la Bible du matin au soir ou de passer des heures à genoux pour apprendre à connaître Dieu, à le servir. Mais sachez-le, mes enfants, Christ a dit: « Sondez les Ecritures, »[1] et il ne l'a pas dit pour rien. Il a dit: «Veillez et priez, »[2] et cet ordre signifie quelque chose. On trouve la pensée du Seigneur dans sa Parole, c'est donc dans sa Parole qu'il la faut chercher. On obtient ses secours par la prière, c'est donc la prière qu'il faut employer pour les demander. Renoncer à se servir des moyens qu'Il nous indique Lui-même, c'est renoncer à recevoir ses grâces.

Quelle responsabilité pèse sur l'épouse, mes chè-

[1] Evangile selon saint Jean V, 39. — [2] Evangile selon saint Matthieu XXVI, 41.

res enfants ! Par son influence elle peut écarter son mari du Seigneur ; par son influence elle peut l'amener à Dieu.

— Oh ! Madame, le peut-elle? demanda Clémence avec l'accent du doute. Je n'ai, pour ma part, jamais vu de femmes qui agîssent en bien ou en mal sur l'esprit d'un mari. Personne ne s'occupe d'elles, on ne les écoute pas, on les gronde toutes les fois qu'on en trouve l'occasion; et pour moi, je crois que ce qu'elles ont de mieux à faire c'est de cheminer de leur côté en laissant au mari son indépendance, en gardant de la leur tout ce qu'il veut bien leur en accorder.

— Et moi, mon enfant, je pense que c'est votre cœur naturel qui vous donne ce beau conseil. Ces femmes qu'on n'écoute point, elles parlent cependant et leurs paroles, tantôt irritent l'homme, tantôt l'apaisent; les moins aimées excitent dans son cœur une foule de mouvements dont elles sont responsables. L'avarice de celle-ci jette un mari dans la dissipation ; la mauvaise humeur de celle-là chasse un époux hors de la maison et le pousse au cabaret; le caractère rusé de la troisième encourage de frauduleuses menées; les expressions emportées de cette femme colère réveillent les passions violentes de son compagnon ; tandis que l'épouse pieuse, si elle ne convertit pas le cœur de l'homme, au moins ne l'endurcit pas, au moins lui inspire du respect pour l'Evangile.

Il est commode de se dire qu'on ne peut rien sur son mari, mais cela n'est pas vrai.

Mes enfants, pour travailler au bien de l'union, il ne faut pas seulement aimer le Seigneur, il faut encore aimer l'époux qu'Il nous a donné.

— Cela n'est pas difficile! s'écria Justine avec sa promptitude ordinaire.

— Oui, s'il est aimable, mais s'il ne l'est pas? si aux illusions qu'on se faisait sur son compte succède la vue très-nette de défauts insupportables? s'il est brusque, s'il est contredisant, s'il est despote, s'il vous cause de vifs chagrins par sa légèreté?

— Alors, jamais! s'écria Clémence; non, reprit-elle, jamais je n'aimerai un homme qui n'aura pour moi ni déférence ni affection, un homme qui ne me rendra pas heureuse!

— Que faites-vous de cet ordre du Seigneur : «Aimez vos ennemis?»[1]

— Mais le Seigneur parle ici du prochain! répliqua Clémence.

[1] Evangile selon saint Matthieu V, 44.

— Et un mari n'est pas notre prochain ?

Les jeunes filles se mirent à rire.

— Ne vous moquez pas de Clémence, reprit Mme Dubois ; elle a dit tout haut ce que pensent tout bas beaucoup de femmes.

L'amour que prescrit la Parole de Dieu n'est pas un amour comme les autres, mes enfants ; c'est un amour désintéressé. Cet amour-là, Dieu vous le donnera si vous le lui demandez ; il se soutiendra en dépit des mauvais procédés d'un mari ; êtes-vous vraiment chrétiennes, plus vous le verrez pécheur, plus vous éprouverez le besoin de prier pour lui ; les sacrifices mêmes que vous imposeront ses défauts ne vous paraîtront pas trop cruels, parce que c'est à Christ que vous les offrirez.

Avec l'amour doit marcher l'obéissance. Justine va peut-être nous dire qu'elle est fort aisée ; eh bien ! non, mes enfants, elle ne l'est point. Obéir à un mari qu'on aime n'est pas toujours si facile qu'on le pense, surtout quand l'amour-propre, quand le caprice, quand l'entêtement se mettent en travers de sa volonté, et ils s'y mettent souvent. Mais obéir à un mari fâcheux, exigeant, obéir à un mari qu'on aime peu, voilà qui est bien malaisé, et pourtant bien nécessaire.

— Il me semble que dans le mariage, dit Rose, chacun doit obéir à son tour.

— La Bible affirme le contraire, mon enfant. Tenez, voyez vous-même : « Tes désirs se rapporteront à ton mari et il dominera sur toi;[1] » et ici : «Femmes, soyez soumises à vos maris comme au Seigneur.[2] »

— Obéir ! reprit à son tour Clémence, d'un ton hautain ; mais si j'ai raison et si mon mari a tort ?

— D'abord, il faut que la chose soit bien prouvée; qu'elle le soit, non pas au jugement de votre passion du moment, mais qu'elle le soit au jugement de votre conscience. Et puis il faut encore savoir si l'obéissance envers votre mari, *quand même il a tort*, entraîne la désobéissance envers Dieu, ou si elle ne blesse que votre amour-propre; dans ce dernier cas, ma chère amie, soumettez-vous.

— Et dans le premier ?

— Dans le premier, la résistance est un devoir, mais il y faut une humilité, une mesure, une douceur plus malaisées, croyez-moi, à obtenir de notre cœur que la soumission toute simple.

[1] Genèse III, 16. — [2] Ephésiens V, 22.

En ce moment on vint avertir la femme-de-charge que sa maîtresse la demandait; elle se leva. Mes enfants, je vous répète une de mes pressantes recommandations : cherchez le Seigneur; fuyez tout ce qui pourrait vous familiariser avec le vice. Je vous remets entre les mains du Père céleste; qu'Il vous protége. Louise, ne vous endormez pas sur l'oreiller de la grâce de Christ. Clémence, méfiez-vous de l'orgueil. Justine, la légèreté, mon enfant, la légèreté! Et vous, Rose... Ici Mme Dubois prit les deux mains de la seule jeune fille dont les yeux restassent secs : « N'irez-vous pas à Jésus pour avoir la vie éternelle ? »

Rose baissa la tête.

—Adieu, dit après un instant de silence Mme Dubois, en serrant les quatre jeunes filles dans ses bras; adieu, je prierai pour vous, mes enfants.... Vous aussi, priez pour moi; je suis faible, je tombe souvent en faute, et bien que j'aie fait avec vous la prêcheuse, j'ai besoin comme vous des secours journaliers du Saint-Esprit. Qu'Il nous les accorde à toutes; que je vous retrouve de fidèles chrétiennes, peut-être de pieuses épouses et de bonnes mères..... Et si je ne devais pas vous revoir sur cette terre, oh! que pas une de vous ne me manque lorsque je me présenterai devant mon Sauveur!

Les jéunes filles en pleurs quittèrent le château. Rose essaya de prononcer quelques mots indifférents ou gais, mais personne ne lui répondit, et chacune emporta silencieusement dans son cœur les sérieuses impressions de cette soirée.

UN LIVRE

POUR LES FEMMES MARIÉES.

CHAPITRE Ier.

Un Dimanche et trois ménages.

—

Huit ans s'étaient écoulés depuis le dernier entretien dont nous avons rendu compte, lorsqu'on vit, un soir du mois d'Août, deux chaises de poste monter le coteau qui domine Saint-Agrève. Dans la première voiture était Mme de Mallens avec son mari ; dans la seconde Mme Dubois, la femme-de-chambre, la bonne et les enfants.

Pendant quelques jours Mme Dubois fut si occupée des arrangements intérieurs du château, qu'elle eut à peine le temps de penser à ses anciennes amies. En approchant de Saint-Agrève, elle avait senti son cœur battre plus fort, elle avait cherché des yeux, mais sans les rencontrer, quelqu'une de ces figures bien connues. Elle savait d'une manière vague que trois de ses protégées étaient mariées, Louise à un tisserand nommé Latour, Clémence au vieux et riche fermier Giraud, Rose au cabaretier Charles Maillard... quant à Justine, bientôt après le départ de Mme Dubois, elle avait quitté Saint-Agrève pour Paris, et ses parents ne recevaient plus de ses nouvelles. Tout en défaisant les malles, Mme Dubois avait demandé quelques renseignements plus détaillés au concierge, mais celui-ci, qui descendait rarement dans le village, n'avait pu lui en apprendre davantage, et Mme Dubois se promettait d'apprécier au plus vite, par elle-même, la position de ses protégées.

Le Dimanche après-midi, elle s'informa de la demeure de Mme Antoine Latour. Au bout de la principale rue, s'élevait, un peu séparée des autres, une maison blanche, garnie de vigne, avec un banc devant la porte. — C'est ici, dit une petite fille qui avait accompagné Mme Dubois, entrez, vous les trouverez dans l'atelier, descendez les cinq marches de l'escalier, bon, vous y voilà!

— Dans l'atelier, le Dimanche... murmura Mme Dubois en soupirant; puis elle s'arrêta, entendant une voix mâle mais douce qui semblait prier. La voix se tut, Mme Dubois frappa deux coups, une jeune femme vint ouvrir, recula, avança, puis s'élançant tout à coup dans les bras de Mme Dubois, elle l'entraîna dans la chambre en s'écriant: — C'est Mme Dubois, c'est cette amie qui m'a appris à connaître mon Dieu! viens, Antoine! saluez-la mes enfants! ma mère, voilà Mme Dubois!

Un homme de trente ans environ, deux petites filles, un petit garçon, une femme âgée s'avancèrent alors vers Mme Dubois. — Oh! Madame, je vous remercie des soins que vous avez donnés à ma Louise, dit Antoine en prenant avec respect la main que lui tendait Mme Dubois. Le petit garçon se cacha sous le tablier de sa mère, tandis que les petites filles faisaient un peu gauchement la révérence. La femme âgée salua froidement Mme Dubois, en s'écriant: — Ma bru, faites donc asseoir Madame.

On s'assit en effet, et Mme Dubois put enfin regarder Louise à son aise. La jeune fille était devenue une jeune mère, sur les traits de laquelle régnait la douceur et la paix. Cette même expression de sérénité se joignait chez Antoine à quelque chose de plus sérieux et de plus arrêté. Les petites filles étaient gentilles et propres, elles avaient la gaîté un peu contenue des enfants bien sages. Quant au petit garçon âgé de trois ans et toujours accroché au tablier de sa mère, il attachait fixement sur Mme Dubois deux grands yeux noirs qu'encadrait une abondante chevelure. La belle-mère de Louise était de haute taille; sur sa physionomie on remarquait quelque chose de sec et de gêné, qui semblait indiquer un état de lutte ou de mécontentement intérieur.

La chambre n'avait point de meubles superflus, mais les chaises, mais la table de bois qui supportait une grosse et vieille Bible, reluisaient de propreté; et sur la fenêtre, près du métier soigneusement recouvert, quelques pots de géranium et de réséda attiraient sur leurs fleurs parfumées des abeilles dont le joyeux bourdonnement égayait l'ouvrier dans les jours de travail.

— Louise, commença Mme Dubois avec émotion, je ne vous demande pas si vous êtes heureuse, votre physionomie, celle de votre mari, ces beaux enfants, surtout ce livre ouvert en famille, tout me le dit.

— Oh ! oui, s'écria Louise, bien heureuse ! trop heureuse, car mon cœur s'arrête souvent en idolâtre aux dons de Dieu, sans remonter à Celui qui les fait.

— C'est vrai ! dit Antoine, avec un sourire

qui tempérait le reproche. Louise rougit un peu.

— Le Seigneur vous a donc dirigée, mon enfant, il vous a fait trouver un époux chrétien.

— Un ami, Madame, un guide, un sincère serviteur de Jésus.

Antoine rougit à son tour.

— Tu m'as accusée de t'aimer trop, reprit Louise en riant, il faut que Mme Dubois sache pourquoi. Grâce à Dieu, Madame, j'ai évité quelques occasions de me marier, assez convenables selon le monde, mais qui en réalité ne valaient rien. Antoine m'a demandée à mes parents, il était vraiment pieux, sa conduite répondait à sa foi, et quoiqu'il me parût un peu trop austère, quoiqu'il fût d'une humeur trop contenue, trop froide... quoiqu'il eût bien d'autres défauts que je vous dirai plus tard... La belle-mère jeta un regard désapprobateur sur Louise.

— Eh ! ma mère, ne voyez-vous pas que je plaisante! s'écria Louise avec quelque dépit. Mme Dubois serra la main de la jeune femme ; Louise comprit ce reproche muet, baissa les yeux avec un peu de confusion et reprit : Eh bien ! ma chère Madame, mes parents, que depuis j'ai perdus, consentirent, non sans peine, à notre mariage.

Nous n'avions à peu près rien ni l'un ni l'autre, c'est sur ce point seulement que je vous ai désobéi, et je dois le dire, nous avons subi les conséquences de notre misère, nous avons souffert; mais grâce à la protection du Seigneur, au travail d'Antoine, à la confiance qu'il inspire, nous nous sommes tirés d'affaire. Vous vous en souvenez, chère Madame, vous nous aviez prévenues qu'on ne peut rencontrer toutes les perfections chez un mari, qu'il faut se contenter des conditions essentielles au bonheur : ... elles y étaient... j'ai passé par dessus les autres.

— Et je vous en approuve mon enfant, dit Mme Dubois en embrassant de nouveau Louise et en regardant Antoine avec affection.

—Vous ne nous aviez pas trompées,—poursuivit Louise, qui, après une si longue séparation, avait besoin d'ouvrir son cœur à Mme Dubois,— le bonheur est bien dans l'union placée sous l'œil de Dieu. Chère Madame, quelle joie nous trouvons à nous agenouiller ensemble, à croire en un même Sauveur, à nous aimer pour l'éternité, à élever ces chers enfants dans une même foi, d'un même accord!

Ici la mère de M. Latour se leva avec un mouvement d'impatience, imperceptible pour tout autre œil que pour l'œil exercé de Mme Dubois.

— Mon fils, voulez-vous que je mène les petites chez leur tante ?

— Volontiers, ma mère, répondit Antoine d'un ton respectueux. Elle sortit.

— Nous avons nos défauts, moi surtout (continua Louise, toute au récit de son bonheur), mais nous nous aidons l'un l'autre à les combattre. Si, au premier moment, le reproche paraît injuste, sévère, si le cœur se révolte ou se serre, l'instant d'après on sent ses torts et l'on en demande pardon. Ce bon ami est mon soutien dans le chemin de la foi, de la sanctification, dans tous les chemins ! il va toujours devant... moi derrière.

— Que le Seigneur soit béni pour tout ce que j'entends, dit Mme Dubois attendrie. Dès le début vous avez donc marché fidèlement ?

— Avec beaucoup de chutes, répondit Antoine ; toutefois, Dieu nous a fait la grâce de comprendre que, faibles comme nous le sommes, nous avions besoin d'habitudes chrétiennes et régulières.

— Pour ce qui tient à la régularité, interrompit Louise en souriant, on peut s'en fier à mon mari !

— Dès le premier jour, poursuivit Antoine, nous avons institué la lecture de la Bible à nous deux le matin, et le culte en famille le soir ; nous avons aussi senti la nécessité de rompre avec le monde, avec ce qu'on appelle *les plaisirs*. Depuis longtemps Louise n'allait plus danser avec les jeunes filles et les jeunes gens de son âge; je m'étais de mon côté retiré des cafés et des cercles; mais au moment de notre mariage, on essaya de nous ébranler dans nos résolutions. Nous résistâmes, nous donnâmes nos raisons, nous dîmes que là où le Seigneur ne voudrait probablement pas venir avec nous, s'il était sur la terre, nous ne pouvions aller sans lui; on ne nous approuva pas, mais on nous écouta; et après quelques semaines assez difficiles, où sans cesse de nouvelles propositions nous étaient faites, que sans cesse il fallait repousser, on nous laissa bien tranquilles dans notre petit coin.

— Oui... en disant beaucoup de mal de nous, et en excitant contre notre pauvre ménage les moqueries du dehors, l'irritation du dedans!

Un regard mécontent d'Antoine arrêta presque ces dernières paroles sur les lèvres de Louise.

— Enfin, ma chère Madame, nous ne manquons pourtant pas de plaisirs, reprit-elle après un instant de silence.

— Le Dimanche... oh! nos beaux Dimanches, si ceux qui nous plaignent de les passer dans la tristesse pouvaient savoir comme ils sont doux. Le matin j'habille proprement nos enfants et je les conduis ici, dans l'atelier que je balaie le samedi soir. Antoine fait prier les petites, nous chantons de tout notre cœur un psaume ou un cantique. Après le déjeûner nous nous rendons au temple; le service achevé, M. le pasteur, qui est un digne homme, passe encore une heure avec les enfants de la paroisse; il leur donne des instructions à leur portée: tantôt c'est une parabole, tantôt une portion de l'Histoire Sainte, tantôt un chapitre des prophètes qu'il leur explique; c'est si clair, si simple!... les parents en profitent autant que les enfants. L'école du Dimanche terminée et le dîner mangé, nous visitons quelques voisins pauvres ou malades; ceux des enfants qui ont été sages durant la semaine nous accompagnent. Parfois, sur les quelques sous que leur donne Antoine, ils ont pu en épargner un ; quelle joie c'est pour eux que de le porter à une vieille femme infirme pour qu'elle en achète du tabac, à une malheureuse mère de famille pour qu'elle en accroisse sa provision de pain. Le soir nous nous promenons quand il fait beau. Antoine, qui a beaucoup lu et qui étudie dès qu'il en a le temps, raconte toujours des choses instructives sur la nature, sur l'histoire, sur les pays étrangers; et nous rentrons heureux, bénissant Dieu d'avoir créé le Dimanche.—Mais je babille, chère Madame, sans songer à vous montrer la maisonnette que nous habitons.

Louise se leva, Mme Dubois, Antoine la suivirent, et l'on visita quelques chambres, une petite cuisine, toutcela bien arrangé, quoique modeste, puis un jardin dont l'aspect charma d'autant plus Mme Dubois, qu'il était peut-être le seul de son espèce à Saint-Agrève.

Dans les contrées méridionales de la France, que Dieu a dotées d'une si riche végétation, où il ne faut que des soins journaliers pour que la terre se couvre de la plus belle parure, les habitants laissent, comme à plaisir, le désordre s'emparer des alentours de leurs demeures. On dirait que, parce que le Créateur a beaucoup fait pour les jouissances des hommes, les hommes, eux, ne doivent rien faire. Les champs, les plantations de garance, les pépinières de mûriers, tout cela est travaillé régulièrement; mais les légumes, les fruits, dont la bonne culture, qui ajoute aux agréments de la vie, remplirait aussi la bourse; les légumes et les fruits croissent à peu près comme bon leur semble; on les plante, ils poussent si cela leur convient; lorsqu'ils périssent faute de soins, on s'en passe, mais à peu d'exceptions près, personne ne s'en occupe avec suite; encore moins songe-t-on à en varier les espèces, de manière à ce que, se succédant les unes aux autres, elles prolongent les plaisirs ou les profits du propriétaire. De fleurs, il n'en est pas question, on ne voit point devant les maisonnettes de ces gais parterres qui charment les yeux, d'où montent le soir de suaves parfums vers les croisées entr'ouvertes, et qui, dans d'autres pays, donnent l'apparence de l'ordre et du bien-être aux plus pauvres habitations. Que faudrait-il pour se procurer ces avantages? quelques coups de bêche, quelques arrosoirs d'eau versés à propos; et puis le goût de l'arrangement, et puis la persévérance, sans laquelle les mieux doués et les plus puissants eux-mêmes ne viennent à bout de rien.

Dans le jardin de M. et de Mme Latour, les choses ne se passaient pas ainsi que nous venons de le décrire. Une treille de raisins muscats, enlacée en berceau, conduisait aux espaliers de pêchers, dont Antoine connaissait la taille et qui rapportaient des fruits avec abondance; des abricotiers en plein vent reposaient leurs branches chargées sur des appuis soigneusement disposés; des carrés régulièrement tracés, où l'on aurait vainement cherché une touffe de mauvaise herbe, étaient plantés de divers légumes; une planche de fraisiers s'étendait un peu à l'ombre, une pépinière de mûriers nains occupait le reste du terrain, et une jolie plate-bande garnie de fleurs séparait le potager d'un petit espace laissé libre, tandis que, devant la maison, un figuier, dont les branches touchaient presqu'au sol, abritait un banc fort simple.

Tout cela n'avait de remarquable que l'ordre, mais l'ordre n'est-il pas la beauté des terres cultivées? Les carreaux étaient arrosés, les espaliers attachés, les allées sablées; on sentait là l'influence d'un principe vivant et vrai, qui exerçait partout son pouvoir salutaire.

— Voilà une de nos ressources, dit Antoine en montrant son clos; grâce à un choix d'espèces hâtives et tardives, ces pêchers, qui ont donné dès le commencement de ce mois, continueront jusqu'en octobre; le fruit se vend bien à la ville voisine, ma mère l'y porte les jours de marché, ainsi que des artichauts, des melons, des aubergines; nous y joignons nos plus belles figues, des prunes reine-claudes, puis des fraises dans la saison. Au printemps nous envoyons des primeurs; nous les obtenons au moyen d'un châssis, que j'ai fait avec de vieilles fenêtres. Ces mûriers-ci ont chassé une belle planche de fleurs; Louise les aimait, ellemême m'a offert de les remplacer par cette plantation, dont nous consacrons le produit à quelques œuvres chrétiennes : c'est bien peu de chose, mais Jésus ne rejette aucune offrande.

On s'assit sur le banc.

— Dieu vous a fait une grande grâce en vous accordant trois beaux enfants, dit Mme Dubois.

— Oui, Madame; cependant si le Seigneur ne nous les avait pas donnés, notre bonheur aurait été bien grand encore,... n'est-ce pas Louise?

Louise secoua la tête.

— Je les aime du plus profond de mon âme, je vois en eux une bénédiction d'en haut, mais je crois que le mariage peut être saint, béni, complet... même sans eux.

— Ceci est à mon adresse, interrompit Louise en riant. Mon mari a raison; je me sens entraînée à de l'idolâtrie pour mes enfants, et si le bon sens d'Antoine n'était là pour me retenir, j'en ferais de petits égoïstes. J'ai besoin de me mettre constamment en face de la responsabilité qui pèse sur moi, pour ne pas m'abandonner à ma faiblesse.

— Vous avez donc un plan d'éducation, Monsieur Latour, et vous ne laissez pas plus vos enfants que vos plantes venir au hasard?

— Nous nous efforçons, Madame, d'élever nos enfants en vue de Dieu et en vue des devoirs qui les attendent. Quant à les élever pour le profit qui nous en reviendra, nous tâchons de ne pas le faire, l'égoïsme y trouverait trop vite et trop bien son compte; que l'arbre soit bon, les fruits le seront aussi... il en tombera plus d'un aux pieds du vieux père et de la vieille mère.

— Antoine, reprit Louise, a posé comme principe essentiel dans l'éducation, une obéissance absolue de la part des enfants. Parfois, il leur explique le motif des défenses qu'il leur fait ou des ordres qu'il leur donne; parfois il les leur tait, exige d'eux une soumission de confiance, d'habitude, et ne permet ni qu'on discute, ni qu'on murmure. Dieu agit ainsi envers nous, dit-il; tantôt il soulève le voile qui couvre ses desseins à notre égard, tantôt il l'abaisse et ne nous montre plus qu'une chose, sa volonté; il faut que les enfants s'accoutument à rencontrer dans la famille ce qu'ils trouveront plus tard dans la vie. Mon mari élève ses enfants dans la vérité, voilà son second principe; jamais de promesses ou de menaces faites en vain, jamais de mensonges, jamais de contes, même pour les amuser; toujours ce qui est, rien de plus, rien de moins. En outre, Antoine n'agit pas capricieusement à l'égard de nos enfants; ce qu'il est aujourd'hui, il le sera demain, il l'était hier. Si une rébellion, si une tromperie, si une étourderie de leur part l'ont ému, il attend, pour gronder ou pour punir, d'être calme; il châtie, non pas en proportion du « résultat » de la faute, de l'ennui qu'elle nous a fait éprouver, des dommages qu'elle nous a causés, mais en proportion de sa gravité aux yeux de Dieu. Ce à quoi je m'attache, moi, parce que j'ai à lutter contre mon entraînement, c'est à tenir ces chers petits dans la dépendance de leur père. Leur père, c'est le pouvoir que chacun reconnaît et que chacun respecte. Il prétend que je ferai de lui un tyran... mais je ne veux pas que mes enfants soient des despotes! Ils apprendront de bonne heure à ne se placer qu'en seconde, qu'en troisième ligne, à préférer l'intérêt ou le plaisir des autres au leur.

— C'est encore une manière de les faire passer avant moi! interrompit Antoine en riant.

— Laissez, laissez, Monsieur Latour, dit Mme Dubois, je n'ai jamais vu d'éducation réussir sans cette souveraineté du mari clairement établie, non plus que sans un complet accord entre le père et la mère.

— C'est vrai, répondit Antoine, quant à l'accord entre nous, nous le maintenons de toutes nos forces. Si j'ai quelque observation à faire à Louise, je ne la lui adresse que lorsque nous sommes seuls; les enfants nous voient constamment unis, et à part de petites différences qui disparaissent vite en causant, en priant ensemble, nous pensons, nous agissons l'un comme l'autre.

— Vous avez beaucoup fait en combattant l'égoïsme chez vos enfants, reprit Mme Dubois. L'orgueil aussi, qui n'est qu'une autre forme de la personnalité, vous donnera de la peine à vaincre!

— L'orgueil est la bête noire de mon mari, s'écria Louise. Il ne m'a jamais permis de réveiller l'émulation de mes filles en les comparant à leurs amies; leur mise ne se distingue de celle de leurs compagnes ni par une simplicité affectée, ni par de l'élégance. Mes filles sont intelligentes, nous pourrions les pousser, en faire des institutrices peut-être, les envoyer à l'étranger; ma voisine Delmar y est toute décidée pour les siennes; Antoine au contraire, veut qu'à moins d'une direction particulière du Seigneur, fils et filles restent dans leur position. Il pense qu'en agissant de la sorte nous entrons mieux dans les vues de Dieu, nous assurons à nos enfants un bonheur plus solide, que si nous les élevions à une place qui ne leur était pas destinée.

— Dites-moi, mes amis, depuis quand avez-vous commencé l'éducation de vos filles ?

— Dès les premiers mois de leur existence !

— Pourquoi pas dès le premier jour ! dit Antoine, que la vivacité de Louise faisait sourire.

— Eh ! mon ami, ce serait peut-être plus juste ! Te rappelles-tu la petite Marthe ? Lorsque je la nourrissais, elle pleurait souvent de colère ; vous le savez, chère Madame, une mère distingue vite les pleurs qu'arrache à son enfant la faim ou la souffrance, des pleurs que lui fait verser l'impatience ou la violence des volontés. La petite criait-elle par dépit ou par entêtement, je me contentais de la poser doucement à terre ; je la laissais là sans la regarder, sans lui sourire, aussi longtemps que durait l'accès de mauvaise humeur ; bientôt elle se calmait, et dès l'âge de huit mois, son caractère s'était considérablement adouci.

— Louise dit vrai, reprit Antoine, et ce qui est aussi vrai, c'est qu'il n'est jamais trop tôt pour commencer l'éducation chrétienne d'un enfant.

La pensée de Dieu n'a rien qui étonne ces jeunes âmes ; notre science humaine complique les vérités du salut, mais la candeur de l'enfant les lui rend aisées à comprendre. Dès que sa petite bouche balbutie le nom de son père terrestre, on peut lui apprendre le nom du Père céleste; on peut de bonne heure prononcer auprès de lui des prières courtes et simples, on peut lui enseigner à aimer le Sauveur Jésus, on peut lui donner ses premières leçons de lecture dans la Bible, et le familiariser de la sorte avec l'Ecriture-Sainte. Quant à la connaissance du bien et du mal, de notre méchanceté naturelle, il n'est pas besoin de beaucoup de discours pour la lui faire acquérir. Ses premières révoltes lui apprennent vite qu'il est pécheur et qu'il a besoin de pardon.

— Je vois avec plaisir, Monsieur Latour, que vous vous occupez vous-même de l'éducation de vos enfants.

— Oh ! Madame, je ne voudrais me décharger sur personne du soin de leur âme. Je ne puis leur donner qu'une ou deux leçons, mais je tiens à le faire, car ce n'est qu'en travaillant avec ses enfants qu'un père comprend leur caractère. S'il se contente de les surveiller de loin, il ne les connaît qu'en partie et risque fort d'appliquer le remède à côté du mal. A mon grand regret, Louise est obligée de coudre souvent chez les voisins, elle prend de l'ouvrage à la maison autant qu'elle le peut, mais elle nous quitte trois fois la semaine au moins ; et bien qu'elle s'occupe activement des enfants les autres jours, bien que ma mère les surveille, je sens la nécessité de les suivre de près ; d'autant que nous n'avons pas d'école protestante ici, et que je ne les enverrai pas aux frères. S'il faut le dire, alors même que Louise ne s'absenterait plus (et j'espère que ce temps viendra), je ne me croirais pas libre de négliger mes enfants; je me laisserai souvent remplacer, jamais suppléer; en tout état de cause il faut l'œil du père, et avec la grâce de Dieu, je tiendrai cet œil bien ouvert.

— Je voudrais que vous entendissiez les leçons que donne mon mari! s'écria Louise. Le soir, lorsque nous sommes réunis dans l'atelier, c'est un plaisir que de l'écouter lui et mes filles. Il a l'air de s'amuser autant qu'elles ; les petites répondent assez bien, le marmot s'en mêle aussi.... et puis il est d'une patience!

Antoine a l'art d'intéresser ses filles à tout ce qu'elles font. Il faut qu'elles dévident du fil pour charger sa navette; les pauvres enfants ne s'en soucient guère, surtout quand elles ont appris leurs leçons, cousu et tricoté tout le jour; eh! bien, il leur donne quelques sous par douzaine de pelotons, et les petites ont à peine posé leurs livres ou leur ouvrage, qu'elles courent au dévidoir. Chaque mois on regarde dans la boîte qui contient leurs trésors, Marthe et Adèle dépensent leurs sous comme elles l'entendent, mais la grosse part va toujours aux pauvres. C'est encore Antoine qui cultive le jardin avec ses filles, il les exerce à des soins exacts, elles rattachent de leurs petites mains les rameaux, et arrachent les mauvaises herbes pendant qu'il arrose.

— Louise, interrompit M. Latour, tu vas faire croire à madame que tout marche ici comme dans le ciel; et se tournant vers Mme Dubois: —Il n'en est rien malheureusement. Nos principes, grâce à Dieu, sont évangéliques, ils sont fermes comme tout ce qui s'appuie sur le « rocher, » mais la pratique n'y répond pas assez. Ma chère femme vous a parlé, Madame, bien plus de ce que nous voudrions être que de ce que nous sommes.... nous avons de grands défauts... les enfants aussi, et nous faisons souvent de lourdes chutes. Toutefois nous ne perdons pas l'espoir, le Seigneur est là, Il nous aidera. Si le mal vient de nous, le bien vient de

Lui... Il est plus riche en miséricorde que nous ne le sommes.... même en péché.

Mme Dubois se leva, car la matinée s'avançait.

— Où en sont vos voisins? demanda-t-elle, pouvez-vous quelque chose pour l'avancement de leur âme?

— Comme je vous l'ai dit, chère Madame, s'écria Louise, ils nous ont longtemps tourmentés. Tout chez nous les scandalisait; notre vie retirée d'abord : ils prétendaient que cette sévérité n'était que de l'hypocrisie ou de l'orgueil; l'éducation de nos enfants ensuite : ils assuraient, tantôt que nous en ferions des idiots, tantôt que nous développions beaucoup trop leur esprit et que nos filles ne seraient que des « savantes! » Par suite de cette malveillance, mon mari avait perdu quelques pratiques, mais peu à peu on s'est aperçu qu'il travaillait plus vite et mieux que personne, que pas une once ne manquait au poids de la toile pour laquelle on lui fournissait le fil, et l'ouvrage abonde. On commence aussi à remarquer que nos filles ne sont ni des imbéciles ni de vaniteuses petites pédantes, et l'on nous épargne un peu. Cependant le cœur de ces pauvres gens n'est pas encore changé, loin de là.

— Cela viendra, Louise, cela viendra, interrompit M. Latour. Avant que le Saint-Esprit eût touché notre cœur, nous étions en tout pareils à nos voisins.... plus endurcis peut-être. Le Saint-Esprit n'a pas perdu sa puissance; prions pour eux, Il les changera comme Il nous a changés.

Mme Dubois était arrivée à la porte de la maisonnette, Louise lui promit de monter incessamment au château, car la famille de Mallens devait après deux mois de séjour à Saint-Agrève se rendre à Paris, et Mme Dubois prit le chemin de la ferme Giraud, sans avoir eu le temps de demander à Louise ce qu'elle savait de la position de son ancienne compagne.

Chemin faisant, son cœur s'élevait à Dieu pour lui rendre grâce. Quels progrès chez sa Louise, et surtout quel aplomb, quelle fermeté heureusement mêlée de douceur chez M. Latour! Celui-ci parlait moins qu'elle, il avait moins d'expansion peut-être, mais on sentait en lui une foi plus solide, on sentait que là beaucoup d'expériences chrétiennes s'étaient successivement faites et que toutes avaient produit leurs fruits. — Puis la pensée de Mme Dubois se reporta sur Clémence. A peine conservait-elle un vague souvenir du fermier Giraud. Il lui semblait que ce nom s'appliquait à un homme de 55 à 60 ans, riche, sournois, passablement avare; catholique ou protestant, elle ne se le rappelait pas.

Un bâtiment carré se présenta devant elle, elle passa devant trois ou quatre gigantesques meules de paille, et entra dans la cour. Le premier aspect ne lui en plut qu'à demi. Cette cour très-vaste se trouvait dans toute son étendue jonchée d'un lit de paille devenu lit de fumier, sur lequel caquetaient des poules et des canards, tandis que des porcs en liberté se vautraient dans les mares d'eau sale qu'avait formées la pluie du dernier orage. Les outils d'agriculture gisaient pêle-mêle devant la maison, quelques domestiques de campagne chargeaient une voiture de blé, tandis que deux ouvriers raccommodaient à grand bruit une charrue.

Un homme âgé mit la tête à la fenêtre. — Eh! doucement, là! cria-t-il aux ouvriers. Ne savez-vous pas que je compte avec Bastide?... Comment voulez-vous qu'on s'entende! — Puis il arrêta ses petits yeux fins sur Mme Dubois.

— Je viens voir Mme Giraud, dit celle-ci.

— Ma femme? demanda Giraud. — Clémence! Clémence! — Entrez dans la maison, Madame. Et le fermier retira la tête pour continuer ses calculs.

Mme Dubois entra, son cœur était serré. Clémence

s'avança au devant d'elle, la reconnut, s'élança comme pour l'embrasser, puis s'arrêta, retenue par je ne sais quel sentiment qui la fit subitement rougir. Après les premières salutations, Clémence se remit, un air de fierté prit alors la place de sa passagère émotion, et sa physionomie revêtit une expression d'amertume qui semblait lui être devenue habituelle.

La chambre dans laquelle Clémence conduisit Mme Dubois, lui parut meublée avec une mesquinerie qui la surprit; on n'y remarquait ni propreté ni ordre; le plâtre qui couvrait les murs tombait çà et là par morceaux, plusieurs carreaux manquaient à la fenêtre, il y avait de la poussière partout, une couche de saleté sur les dalles; et quelque chose enfin qui marquait un complet mépris des soins du ménage.

Les vêtements de Clémence contrastaient avec un tel entourage; ils étaient trop élégants pour la femme d'un fermier, taillés sur la mode des villes, et chaque pièce en indiquait une vanité déplacée.

— Vous voilà donc riche, mon enfant! dit Mme Dubois avec un soupir.

— Oui, Madame, répondit Clémence d'un air contraint.

— Et vous êtes.... heureuse?

Clémence pinça les lèvres, haussa les épaules et murmura : — Y a-t-il du bonheur pour personne, en ce monde ?

— Pauvre Clémence ! murmura Mme Dubois. Clémence rougit de nouveau, détourna la tête, mais garda sa physionomie fière et contenue. Il y eut un silence, Mme Dubois comprit que Clémence n'était pas disposée à lui ouvrir son cœur. Elle s'approcha d'une tablette sur laquelle on voyait quelques volumes.

— Vous avez là des livres ?

— Ils sont à mon mari.

Mme Dubois lut les titres : — Les Codes... Voltaire... Voltaire !... Clémence haussa de nouveau les épaules.

— Giraud dit que cet homme à lui seul en sait plus que les plus savants.

— Oui, il a la science du mal.... le démon aussi la possède cette infernale science. Mais à côté du poison n'avez-vous pas mis le remède ? Clémence, je ne vois pas là votre Bible ?

— Jean-François est catholique, Madame. Ces paroles furent dites assez bas, quoique sèchement. Mme Dubois se tut.

— Et vos enfants ? demanda-t-elle après un instant de réflexion pénible.

— Ce sont deux garçons; ils suivent la religion de leur père.

— Oh! Clémence! s'écria involontairement Mme Dubois. Mais elle sentit que le temps des reproches était passé, que le temps de la confiance n'était pas encore venu, et elle essaya de causer avec Clémence sans la froisser. Elle espérait l'attirer à elle par son affection, et sinon remédier au mal, du moins en prévenir quelques-unes des suites.

— Vos enfants suivent-ils l'école?

— Pas très-régulièrement. C'est aux frères qu'ils vont, il n'y a qu'eux ici; moi, je ne les y pousse pas, et Jean-François, qui les emploie déjà dans la ferme, trouve que tout le savoir du monde ne vaut pas l'habitude des affaires; il dit que la pioche met plus de sous dans les poches que la grammaire. L'aîné est passionné pour les frères, il aime l'étude, mais il a déjà le caractère astucieux de... Clémence s'interrompit. Le second, Pierre, n'aime ni les frères ni les livres, lui; c'est un étourdi, un petit mauvais sujet dont on ne sait que faire! et Clémence sourit avec une sorte de complaisance.

Mme Dubois aurait bien voulu dire un mot, éclairer Clémence sur l'importance de la première éducation; ce n'était pas le moment.

— Vous avez là une belle habitation, Clémence.

— Une habitation que mon mari laisse dégrader faute d'entretien !

— Mais quelques soins de votre part...

— Comment soigner, interrompit assez sèchement Clémence, quand on doit, seule avec une misérable servante, nourrir vingt personnes, cultiver un grand jardin, raccommoder le linge de la maison !... D'ailleurs avec rien on ne fait rien. Jean-François ne me donne pas d'argent, et quant aux pauvres sous que je puis gagner de mon côté... ils m'appartiennent, je m'en sers comme je l'entends. En prononçant ces mots, Clémence jeta un regard vaniteux sur sa toilette.

— Allons voir votre jardin, dit tristement Mme Dubois.

— Oh ! Madame, il n'y a pas grand'chose à voir.

Elle conduisit Mme Dubois dans un carré entouré de murs, où l'on ne voyait autre chose, en effet, que des légumes croissant de-ci de-là, presque au hasard.

Jean-François avait achevé ses comptes, il arriva ; Clémence lui nomma Mme Dubois.

— Ah ! dit le fermier, cette dame qui vous a enseigné votre religion !... Il salua Mme Dubois. A côté de çà, Madame, tenez, vous me feriez plaisir si vous lui appreniez un peu l'ordre et l'économie.

Clémence serra les lèvres avec un dépit concentré et Mme Dubois dit doucement :

— Monsieur Giraud, la religion qui nous enseigne à aimer Dieu, nous enseigne aussi à le servir dans les petites comme dans les grandes choses.

— C'est bien, ça, répliqua Giraud ; par exemple, je vous le demande, Madame, à quoi servent ces *affiquets*-là ? il montrait la parure de sa femme. Ne vaudrait-il pas mieux placer à bon intérêt l'argent que tout ça coûte, et balayer sa cuisine en jupon de toile ?

Clémence redressa la tête et se renferma dans un silence dédaigneux.

Dans ce moment on entendit un cri plaintif. Pierre Giraud, portant un oiseau qu'il venait de dénicher et qu'il tourmentait, entra dans le jardin suivi de son frère. Celui-ci marchait tête basse, timide, l'air doux et rusé.

— Pierre, mon ami, dit Mme Dubois après avoir embrassé les enfants, tu devrais reporter cet oiseau dans le nid... il souffre loin de sa mère.

— Bah ! elle n'y reviendrait pas, dit Jean-François, donne-le au chat et que cela finisse.

— Non, répliqua l'enfant.

— Vas-y, cria le fermier, ou je t'y fais marcher, moi !

Pierre d'un saut se mit hors de la portée de son père.

— Pierre ! fit alors l'aîné en se rapprochant, montre-le-moi !

L'enfant ouvrit la main sans défiance, son frère saisit le malheureux petit animal et courut exécuter les ordres de Jean-François.

— En voilà un, s'écria Giraud avec orgueil, en voilà un qui fera son chemin ! il n'a pas l'air de troubler l'eau, mais il est sournois !...

— C'est le portrait de son père, dit Clémence d'un ton acerbe.

— Tout comme Pierre le rebelle est celui de sa mère ! répliqua Jean-François.

— Monsieur Giraud, interrompit Mme Dubois qui avait hâte de mettre fin à cette discussion, Monsieur Giraud, croyez-moi, ne permettez pas à vos enfants d'être cruels, on offense Dieu en faisant inutilement souffrir ses créatures, et puis le cœur s'endurcit, il prend du plaisir au mal et cela se retrouve plus tard.

Giraud ne répondit pas.

— Vos petits garçons vont à l'école des frères, Monsieur Giraud ?

— Là, là... quelquefois, il faut bien qu'ils sachent lire, compter surtout ; mais leur devoir, c'est de gagner ; et Jean-François répéta son axiome : La bêche met plus de sous dans les poches que la grammaire.

— Il se peut, reprit Mme Dubois. Cependant l'instruction, par cela même qu'elle développe notre esprit, nous rend aptes à comprendre les affaires. On dupe moins aisément un homme instruit qu'un ignorant.

— Aussi est-ce pour ça que je les envoie aux frères.

— Ah ! Monsieur Giraud ! si j'étais à votre place, je les y enverrais pour autre chose encore... Avant tout, pour qu'on leur enseignât les saintes vérités chrétiennes.

— Oui, oui... sans doute. Mais voyez-vous, Madame : enfance apprend, jeunesse travaille, âge mûr amasse, vieillesse prie.

— Monsieur Giraud, quand ni l'enfance, ni la jeunesse, ni l'âge mûr n'ont prié... la vieillesse court fort le risque de n'en rien faire. Pourtant l'éternité est là. Plus ou moins de champs, plus ou moins de vignes, plus ou moins de rentes ne nous empêchent pas d'arriver là-haut dépouillés !... Heureux alors, Monsieur Giraud, heureux ceux qui ont trouvé leur Sauveur ; il les couvre de sa justice.

Le fermier faisait tourner ses pouces d'un air

distrait, il regarda d'un autre côté pour cacher peut-être son embarras, peut-être un sourire d'incrédulité. Clémence, qui jouissait de voir son mari aux prises avec plus fort que lui, devint très-sérieuse aux derniers mots de Mme Dubois.

— L'heure avance, dit celle-ci, j'ai encore une visite à faire.

On repassa dans la cour, quelques domestiques ennuyés, oisifs, bâillaient ou dormaient étendus sur les bancs, tandis que les autres chargeaient encore la voiture.

Jean-François s'aperçut de la tristesse que causait à Mme Dubois cette violation du Dimanche.

— Dame! murmura-t-il, on mange le Dimanche comme les autres jours... il faut bien travailler aussi!

— Monsieur Giraud, si Dieu ne faisait briller son soleil ni sur vos blés, ni sur vos vignes, tout votre travail réussirait-il à colorer un grain de raisin, à tirer de sa tige un seul épi?

— Dame, non! répondit Jean-François, qui ne savait trop où en voulait venir Mme Dubois.

— Et croyez-vous que Dieu, qui ordonne la sanctification du Dimanche, ne puisse pas ce jour-là, comme les autres, vous donner à manger? Ne tient-il pas en sa main le pain de toute la terre?

— Dame, si; mais...

— Mais ce qui nous manque à tous, Monsieur Giraud, c'est la foi aux promesses de Dieu. Voici pourtant ce qu'il nous dit: « Si tu retires ton pied du sabbat, toi qui fais ta volonté au jour de ma sainteté; et si tu appelles le sabbat tes délices, et honorable ce qui est saint à l'Éternel, et que tu l'honores en ne suivant point tes voies, ne trouvant point ta volonté, et n'usant point de beaucoup de paroles; alors tu jouiras de délices en l'Eternel, et je te ferai passer comme à cheval par-dessus les lieux haut élevés de la terre, et je te donnerai à manger l'héritage de Jacob ton père; car la bouche de l'Éternel a parlé. » Voyez, continua Mme Dubois en tirant un livre de sa poche, c'est dans la Bible, au prophète Esaïe, chapitre LVIII, versets 13 et 14.

— Je suis catholique, répartit Jean-François avec quelque précipitation, je n'entends rien à la Bible. D'ailleurs elle n'a pas été écrite pour nous autres.

— Ah! Monsieur Giraud! Jésus dit le contraire, voyez plutôt ici : « Enquérez-vous diligemment des Ecritures, car vous estimez avoir par elles la vie éternelle, et ce sont elles qui rendent témoignage de moi [1].» A qui s'adresse Christ, si ce n'est à nous; qu'est-ce qu'il entend par Écritures, si ce n'est la Bible? — Mais vous connaissez les dix commandements, Monsieur Giraud, ceux-là sont bien écrits pour tout le monde, n'est-ce pas?

— Si je les connais! s'écria Jean-François, enchanté de prendre sa revanche en montrant son savoir, je les ai tous appris dans le temps: Vous ne tuerez point, vous ne déroberez point, vous... vous...... Jean-François resta court.

Après un instant de silence: —« Souviens-toi du jour du repos, reprit avec gravité Mme Dubois. Souviens-toi du jour du repos pour le sanctifier. Tu travailleras six jours et tu feras toute ton œuvre, mais le septième jour est le repos de l'Eternel ton Dieu. Tu ne feras aucune œuvre en ce jour-là, ni toi, ni ton fils, ni ta fille, ni ton serviteur, ni ta servante, ni ton bétail, ni ton étranger qui est dans tes portes; car l'Eternel a fait en six jours les cieux, la terre, la mer et tout ce qui est en eux, et s'est reposé le septième jour: c'est pourquoi l'Eternel a béni le jour du repos et l'a sanctifié [2]. »

— Bah! bah!... nous ne sommes pas des saints, nous; n'est-ce pas, petite femme? et M. Giraud se

[1] Saint Jean V, 39. — [2] Exode XX, 8, 9, 10, 11.

tourna vers Clémence en lui donnant une tape sur l'épaule. Mais au lieu du secours qu'il en attendait, il ne trouva qu'une physionomie sérieuse, qu'un regard tristement baissé vers la terre.

— Au revoir, Monsieur Giraud, et sans rancune, dit Mme Dubois arrivée sur le seuil de la porte, Clémence, ajouta-t-elle avec un accent de tendre compassion, Clémence mon enfant, vous viendrez me voir.

— Oui, Madame, répondit Clémence, sans qu'il y eût plus rien de hautain ou de sec dans sa voix; et Mme Dubois quitta la ferme.

Son cœur était serré, elle suppliait le Seigneur de secourir la malheureuse Clémence à demi perdue par son ambition, de réveiller Jean-François enseveli sous les intérêts matériels, de sauver leurs pauvres enfants placés entre les fatales erreurs de Rome et l'indifférence... peut-être l'incrédulité.

Mme Dubois rentra dans le village, elle n'eut pas de peine à trouver la demeure de Rose Maillard. C'était un cabaret. De loin déjà l'on entendait le bruit des queues de billard, les cris des joueurs, les chansons des buveurs; de près c'était bien pis, au milieu du tumulte on distinguait des jurements, des imprécations; une forte odeur de fumée de tabac et de vin s'exhalait de l'habitation, et l'on voyait aux fenêtres, devant la porte, des figures hébêtées par une complète ivresse ou bouleversées par les passions.

Un instant Mme Dubois hésita à entrer. — Je pourrais revenir demain, se dit-elle, cependant mon arrivée dans ce jour où Rose viole évidemment les commandements de Dieu, la frappera peut-être à salut ; allons ! et franchissant le seuil de la porte elle s'avança dans un long corridor.

Au mouvement qui s'opéra pour la laisser passer, au silence qui remplaça les crieries du dehors, on se douta dans la salle des buveurs que quelque chose d'étrange avait lieu ; et une grande femme, la tête couverte d'un bonnet garni de rubans rouges, un tablier d'une blancheur douteuse devant elle, l'air joyeux mais d'une joie hardie, s'avança à la rencontre de Mme Dubois. Il faisait un peu obscur.

— Rose ! dit Mme Dubois, c'est moi, c'est Mme Dubois, je viens vous voir.

— Ah ! s'écria Rose, enchantée de recevoir votre visite, Madame, veuillez passer ici. Elle l'introduisit dans un petit salon où se querellaient un garçon de sept ans et sa sœur de six ans à peu près.

— Allons, taisez-vous, enfants! Les enfants crièrent de plus belle.

— Je prends la verge! Les enfants se turent, on s'assit.

— Madame, dit Rose d'un ton familier, vous me voyez aussi heureuse que je puis le désirer : bon mari, bon établissement, enfants bien portants..... de vrais petits démons, par exemple!

— Je vois, Rose, interrompit Mme Dubois avec douceur, je vois que vous avez un peu oublié nos conversations du Dimanche.

— Oh! quant à cela, Madame, la vie ne va pas comme on veut; on fait aussi bien qu'on peut, à la garde de Dieu pour le reste; on est dans le monde, il faut se plier au monde!....

Ici, la petite fille, qui jouait avec un verre oublié sur la table, le laissa tomber; le verre se brisa. Rose s'élança sur l'enfant et lui appliqua un soufflet.

— C'est un accident, dit Mme Dubois; la volonté de la petite n'y entre pour rien.

— Voilà deux sous qu'elle me perd! s'écria Rose en faisant mine de redoubler la correction.

— Elle vous en aurait fait perdre dix, reprit Mme Dubois, que la faute n'en serait pas plus grave. Si elle avait désobéi, menti, je comprendrais une punition sévère, imposée avec calme et sans emportement toutefois ; mais la châtier pour une maladresse, c'est fausser, il me semble, ses idées et sa conscience.

— Bon ! répondit Rose ; qu'est-ce que ça lui fait à cette petite commère, elle n'y pense plus. Quoi qu'il en soit, tout va bien, notre commerce réussit, mon mari est un bon enfant, nous nous convenons ; nous nous entendons avec nos voisins ; nous ne donnons pas dans la *bigoterie*, c'est vrai, mais nous ne vivons pas comme des païens, non plus ; enfin on suit sa religion.

— Lisez-vous la Bible avec votre mari ? demanda simplement Mme Dubois.

— Ah ! pour cela, non ! Charles, voyez-vous, Madame, croit qu'il y a un Dieu, et puis c'est tout. Je lui ai un peu parlé d'autre chose au commencement, mais il riait, cela ne l'amusait guère, et je l'ai laissé tranquille.

— Et vous, Rose, lisez-vous la Parole de Dieu ?

— Oui..... c'est-à-dire..... quand je le peux..... on a de l'ouvrage.

— Prie-t-il ?... priez-vous ?

— Oh ! Madame ! QUI TRAVAILLE PRIE, voilà notre devise à nous.

— Vous ne l'avez pas prise dans la Bible, Rose.

La Bible nous dit : « Priez en tout temps.[1] Priez sans cesse.[2] Je veux que les hommes prient en tout lieu.[3] Soyez persévérants dans la prière. »[4] Nous n'y voyons nulle part que *travailler soit prier*. L'action et la supplication restent deux choses distinctes qui ne peuvent se suppléer l'une l'autre, et Dieu, soyez-en sûre, ne les prendra jamais l'une pour l'autre : l'homme peut tromper sa conscience, il ne fera pas prendre le change à l'Eternel. Encore une question, Rose : allez-vous au temple ?

— Si le service n'avait pas lieu le Dimanche, reprit Rose avec une aisance affectée, je m'y rendrais avec régularité, mais le Dimanche est justement le jour où j'ai le plus d'ouvrage.

— Et ce fait seul ne vous éclaire pas ?.... ce fait seul, ma pauvre enfant, ne vous montre pas que vous êtes en contradiction avec Dieu ?

— Oh ! Dieu, reprit vivement Rose, Dieu sait bien de quoi nous sommes faits.

— Oui, et ce Dieu qui sait de quoi nous sommes faits a dit : « Recherchez la sanctification, *sans laquelle personne ne verra le Seigneur*. »[5]

Ici les cris des enfants redoublèrent.

[1] Luc XXI, 36. — [2] 1 Thessaloniciens V, 17. — [3] 1 Tim. II, 8. — [4] Rom. XII, 12. — [5] Héb. XII, 14.

— Victor, emmène ta sœur, dit Rose, qui n'était pas fâchée d'interrompre ces citations désagréables. L'enfant ne bougea point.

— Victor ! veux-tu obéir ? Victor fit signe de la tête que non.

— Je vais appeler papa !

— Papa ! dit le petit garçon en imitant la démarche d'un homme ivre, voilà comment il fait, papa !

— Ce petit serpent a de l'esprit comme quatre ! s'écria Rose en riant aux éclats ; aussi on en fera un avocat, un médecin, quelque chose enfin ! il a trop de moyens pour rester dans ce trou.

Châtier sévèrement un enfant pour des fautes qui n'en sont pas ; ne punir chez lui ni la désobéissance ni l'oubli du respect filial : quand on est en gaîté le gâter et en faire un petit despote ; quand on a de l'humeur le maltraiter sans motif et le préparer ainsi à satisfaire un jour ses plus déraisonnables caprices ; et puis couronner l'œuvre en excitant son orgueil, en lui donnant d'avance le dégoût des devoirs simples et de la vie modeste : voilà l'éducation des gens du monde, voilà bien cet arbre gangrené jusque dans la racine, dont les âpres fruits remplissent d'amertume la bouche de ceux qui n'ont voulu ni le cultiver ni le greffer à temps.

Un gros homme au visage enflammé entra dans ce moment.

— Allons, femme, allons, et les bouteilles donc! on manque de vin là-bas!

— Charles, madame Dubois.

Ce nom réveilla dans l'esprit obscurci de Charles un vague souvenir de religion.

— Madame Dubois, votre serviteur. Madame Dubois, je ne suis pas un cagot, mais je crois en *l'Etre suprême;* je ne fais de tort à personne, et je n'ai peur de rien!

Mme Dubois se leva; sa timidité l'eût portée à garder le silence, mais une irrésistible force poussa ces paroles sur ses lèvres : Craignez Celui qui a la puissance d'envoyer dans la géhenne.... oui.... craignez celui-là.[1]

— Connu, parfaitement connu! Ça se dit comme ça dans les églises; mais je suis un bon enfant, moi.... un bon vivant!... demandez à ma femme.... et je n'ai peur de rien!

Une plus longue visite aurait été déplacée; Dieu seul pouvait parler à ces cœurs.

[1] Luc XII, 5.

Mme Dubois sortit.

— Je pars dans quelques semaines, dit-elle à Rose qui l'accompagnait ; si vous voulez me voir, vous me trouverez après le dîner.

— Merci, Madame.... l'ouvrage presse, il faut garder mes enfants, et je ne sais si je pourrai profiter de votre permission.

— Adieu donc.

Rose rentra, et Mme Dubois entendit de grands éclats de rire retentir dans la maison.

Pauvre Rose, ainsi qu'elle se le promettait jadis, elle avait épousé un *bon enfant*, un homme qui, se cachant à lui-même son incrédulité sous une morte foi en Dieu, ne professait d'autre religion que la religion du plaisir. Elle avait passé par tous les degrés du refroidissement spirituel, et maintenant, abandonnant même les apparences les plus extérieures de la piété, elle en était venue à ce point que, dans sa vie, il ne restait rien qui pût lui rappeler à elle ou à d'autres, qu'elle faisait encore partie d'une communion chrétienne.

Rose se croyait unie à son mari par une grande affection. Hélas ! une légèreté, des défauts pareils rapprochaient plus les époux qu'une véritable tendresse, et encore leur habitation retentissait-elle parfois de bruits de querelles, qui n'indiquaient

pas une parfaite unité intérieure. Mais « on s'aime mieux après l'orage qu'avant, » disait Rose, et la jeunesse, un fond de bonne humeur, la prospérité matérielle, l'agitation au milieu de laquelle vivaient les deux époux, tout cela les aidait à se croire heureux d'un solide bonheur, tout cela les empêchait d'entendre les murmures d'une conscience qui ne parlait plus bien fort.

— J'en ai peut-être trop dit, pensait Mme Dubois en remontant tristement la colline, peut-être pas assez. J'ai manqué de charité..... et de courage aussi ! Mon Dieu, aie pitié d'eux.... de moi. Et elle rentra au château, absorbée par ce profond sentiment de sa propre misère, de sa propre infidélité qui poursuit le chrétien jusque dans les manifestations mêmes de son amour pour Dieu.

CHAPITRE II.

La belle-mère.

Une semaine environ après la visite de Mme Dubois à ses anciennes amies, Louise monta vers le soir au château.

— Ma chère Madame, dit-elle, lorsque la gouvernante l'eut introduite dans sa chambre, j'avais besoin de vous revoir seule. Votre arrivée est une bénédiction pour moi, ma méchanceté naturelle me fait la guerre ; il y a dans ma vie des pierres d'achoppement contre lesquelles je me heurte sans cesse ; quelques mots de vous me sont très-nécessaires.

— Asseyez-vous, mon enfant ; nous causerons comme autrefois.

— Chère Madame, je n'ai que peu de temps ; je

vous dirai donc tout de suite que c'est de ma belle-mère qu'il s'agit. Elle est veuve, elle possède deux filles mariées, mais elle a témoigné le désir de vivre auprès d'Antoine, qu'elle préfère à ses autres enfants. Mon mari, lorsqu'il s'offrit à moi pour époux m'avertit qu'il regardait comme un devoir de recevoir sa mère chez lui. Alors j'étais sans expérience, il me sembla que je trouverais une seconde mère dans la mère d'Antoine, je ne me doutais pas des inconvénients qu'entraîne la continuelle présence d'un tiers dans le ménage; et j'acceptai ce joug... qui me blesse maintenant, auquel je ne parviendrai peut-être jamais à me soumettre.

— Louise! interrompit Mme Dubois, d'un ton de reproche.

— Oh! je le sais, Madame; ce que je dis là est mal..... Ce que je pense, hélas! ce que je sens habituellement est encore plus mauvais. Aussi je viens à vous pour que vous me grondiez, pour que vous me remettiez dans la bonne voie. Antoine m'est d'un grand secours, mais les hommes n'entrent pas dans ces détails qui font notre vie à nous; et puis je n'ose lui dire tout ce que je souffre parfois; je n'ose lui raconter les détestables mouvements de mon cœur. Mme Latour, étant sa mère, je dois garder une certaine réserve.

— Eh! Louise, mon enfant, vous avez tort C'est dans les rébellions de votre cœur qu'il faut apporter de la réserve, non dans vos habitudes de confiance avec M. Latour. Qui peut mieux vous fortifier que lui? D'ailleurs cette pleine confiance seule ne vous empêchera-t-elle pas de vous livrer à tel ou tel sentiment répréhensible, que vous ne cultivez peut-être que parce que vous êtes certaine qu'il l'ignore.

— Vous avez raison, Madame; il faut cependant que vous connaissiez bien ma position. Mme Latour, vous avez pu vous en apercevoir, ne partage pas nos convictions. Elle a toujours scrupuleusement accompli les devoirs extérieurs de la religion, elle lit sa Bible, va régulièrement au temple, mais ne comprend rien à l'Evangile. Elle se croit juste, et la nécessité d'une rédemption, la nécessité d'une nouvelle naissance, la nécessité de l'action du Saint-Esprit dans le cœur, toutes ces vérités trouvent son âme fermée.... bien plus, elles l'irritent.

Mme Latour nous appelle « orgueilleux, » parce que, croyant au témoignage de la Sainte-Ecriture, nous estimons avoir fait notre paix avec Dieu par le moyen du sacrifice de Jésus; elle nous trouve « intolérants, » parce que nous disons avec saint

Pierre:[1] qu'il n'y a qu'un seul nom sous le ciel par lequel les hommes puissent être sauvés, savoir le nom de CHRIST; elle nous trouve « exagérés, » parce que nous établissons dans notre vie certaines règles de conduite prescrites par la Parole de Dieu. De là, ma chère Madame, naissent des frottements pénibles. A chaque pas dans la sanctification, nous rencontrons le blâme de ma belle-mère ou les moqueries de mes belles-sœurs. S'agit-il pour Antoine d'une manifestation à faire de ses croyances, d'un sacrifice à offrir au Seigneur, de l'opposition du monde à braver, par exemple?... Aussitôt les reproches éclatent, c'est justement au moment où mon mari aurait le plus besoin d'appui, qu'on redouble d'efforts pour le détourner du droit chemin; c'est justement quand les consolations de l'amour fraternel lui seraient le plus nécessaires, qu'on l'écrase sous les sarcasmes.

Antoine assure que ces obstacles accroissent notre zèle, que sans eux nous tomberions dans le relâchement; je sens bien au fond qu'il peut n'avoir pas tort; mais quand la contradiction arrive sèche, irritante, quand elle se présente (ce qui est rare) sous les formes de la tendresse; lorsque, pour nous

[1] Actes IV, 12.

ébranler, ma belle-mère cherche à exciter dans nos cœurs le levain de l'orgueil, de l'envie, des mauvaises passions; oh! alors il m'est impossible de voir dans sa présence auprès de nous autre chose qu'un piége, qu'un malheur!.... Oui, sa présence ne m'empêche pas seulement d'avancer, elle me fait pécher.

— Comment cela? demanda gravement Mme Dubois.

— Mais, ma chère Madame, cela est clair. Mon cœur devrait garder la paix, et ces luttes intérieures le troublent; je voudrais montrer l'excellence de ma foi par mon support, et je ne discute jamais avec ma belle-mère sans avoir à me reprocher des paroles blessantes, sans m'avouer à moi-même que je perds la cause du Seigneur au lieu de la défendre!—Que de fois n'ai-je pas formé le projet de me dompter! Que de fois, durant mes journées de travail hors de la maison, n'ai-je pas cherché à réveiller dans mon cœur des sentiments d'affection pour ma belle-mère!..... Ils y sont ces sentiments, oui, je l'aime... Eh bien, lorsque pleine de bonne volonté je rentre chez moi, ce regard froid, cet accueil hautain, la certitude que j'ai d'être examinée avec malveillance, tout cela détruit mes résolutions; l'amertume revient dans mon cœur, et le plus que je puis faire, c'est de me taire.

— Louise, Louise, dit Mme Dubois, je vois bien ici du péché, mais ce péché est le vôtre, mon enfant. Votre belle-mère ne vous « fait pas » être rebelle, être haineuse, être impatiente... Elle met en évidence ces mauvaises dispositions qui vous appartiennent en propre, croyez-moi.

— C'est vrai, murmura Louise... et pourtant quand je vois mes belles-sœurs me taquiner comme à plaisir, la physionomie de ma belle-mère briller d'une méchante satisfaction toutes les fois qu'elle réussit à me mettre en contradiction avec mes principes,... lorsque je songe au calme dont je jouirais dans l'intimité avec Antoine et mes enfants,... je ne puis me défendre de penser que ma belle-mère est un obstacle à mes progrès religieux.

— C'est le démon, Louise, qui vous dit cela. Dieu parle autrement. Voyez ici : « Nous nous glorifions « même dans les afflictions, » sachant que l'affliction « produit » la patience, et la patience l'épreuve, et l'épreuve l'espérance. »[1]

— Ah ! je n'en suis pas là, Madame.

[1] Rom. V, 3, 4.

— Vous n'y arriverez point, aussi longtemps que vous vous appuierez sur votre volonté, comme vous l'avez fait jusqu'ici sans vous en douter, mon enfant. Si vous regardiez plus à Christ, moins à vous; si à l'heure de la tentation, au lieu de lutter toute seule, vous appeliez Jésus à votre secours par une secrète prière.... vous n'auriez pas tant de chutes à déplorer; ainsi que votre excellent mari, vous comprendriez que *cette discipline* qui, au premier moment, semble un sujet d'affliction, en est un au contraire de parfaite joie. [1]

— Je connais mon péché, Madame, croyez-le. Hélas! oui, je m'y prends mal avec ma belle-mère. Il faudrait, pour l'attirer à nos convictions, lui en montrer la douceur, l'efficacité... Je n'en fais rien. Par moments, elle me voit inquiète, chagrine, et cette confiance en Dieu, cette paix chrétienne dont je parle souvent ne lui semblent que des mots; par moments, je m'abandonne à mes passions naturelles, et cette foi qui laisse à mon caractère toutes ses épines, ne lui paraît être qu'une idée mise à la place d'une autre idée... qu'une hypocrisie. M'arrive-t-il de rendre témoignage à Christ,

[1] Hébreux XII, 11; et Jacques I, 2.

je le fais d'une manière si gauche, je suis si tranchante ou si effrayée, je manque tellement de véritable amour et d'humilité, que je ruine moi-même dans l'esprit de ma belle-mère, les croyances que je voudrais lui faire adopter.

— Mon enfant, il n'est pas une de ces expériences par laquelle je n'aie passé, Dieu qui sait bien ce qu'il fait, laisse ces pierres sur le chemin de tous les chrétiens. Allez, de telles épreuves nous en apprennent plus long sur notre malice et sur notre incapacité, que les meilleures leçons!... Et pourtant, je ne vous épargnerai pas les miennes. Je sais par moi-même qu'il est plus aisé de parler que d'agir, plus facile d'établir l'excellence de la foi chrétienne par ses discours, que de la prouver par sa conduite; je sais que si le fidèle a un grand sujet de joie, il en rencontre mille petits de tristesse; mais ce que je sais aussi, Louise, c'est que notre péché est la première cause de notre mécontentement, et que c'est au cœur qu'il faut porter le remède.

Louise, si vous n'étiez ni impatiente ni orgueilleuse, les reproches de votre belle-mère ne vous irriteraient pas. D'un autre côté, si votre foi, tout en se montrant sincère et ferme, ne marchait pas accompagnée de défauts blessants, elle froisserait bien moins votre belle-mère. — Ce qu'on prend toujours chez les mondains pour de l'inimitié contre les convictions chrétiennes, n'est bien souvent que de l'inimitié contre le péché du chrétien... Travaillez donc sur vous-même, ma Louise; et travaillez les yeux tournés vers Celui de qui nous vient toute force.

— Je ne l'ai presque jamais fait, reprit tristement Louise après un instant de réflexion. Il arrive souvent à ma belle-mère de contrarier nos plans d'éducation, d'exciter la vanité des enfants, de se moquer devant eux de nos scrupules; souvent elle se montre jalouse de son autorité dans le ménage, et m'interdit absolument de me mêler de quoi que ce soit; mon affection pour Antoine la fatigue, elle m'envie jusqu'à un regard de mon mari, et cherche à rompre nos plus courts instants de tête-à-tête... alors, Madame, je m'adresse à moi-même d'odieuses questions; je me demande pourquoi ma belle-mère, qui ne partage aucune de nos convictions, ne nous laisse pas en paix et ne va pas vivre avec ses filles qui pensent comme elle; je me demande s'il faut que mes plus belles années soient empoisonnées par cette continuelle contrainte; je me demande... Oh Madame?... ce que j'ose penser est odieux.

— Ecoutez-moi, Louise. En règle générale, je crois qu'il est bon à un jeune ménage de vivre seul; je le crois, parce que Dieu a dit : L'homme quittera son père et sa mère, pour se joindre à sa femme ; [1] je le crois, parce que tant qu'un fils demeure sous le toit paternel, son autorité comme chef de la famille s'établit difficilement, parce que les rapports immédiats de belle-mère à belle-fille, de beau-père à gendre, amènent, grâce à notre mauvaise nature, des frottements pénibles et fâcheux ; je le crois encore, parce que la présence habituelle, parce que la domination, peut-être la jalousie des parents, nuisent à l'intimité, à l'union des époux; mais cette règle générale doit céder devant certains cas exceptionnels, et le vôtre, Louise, est un de ces cas-là.

Le veuvage laisse-t-il un père, une mère dans l'isolement; la vieillesse ou la maladie atteignent-elles des parents; il n'y a pas d'hésitation possible; le devoir est clairement marqué par le Seigneur, nous n'avons plus qu'à l'accepter de plein cœur.

[1] Genèse II, 24.

— Oh Madame! l'ingratitude des enfants m'a toujours fait frémir, je vous l'assure.

— Oui, reprit Mme Dubois, elle est horrible. Tenez, Louise, j'ai vu, dans un village qui n'est pas éloigné de celui-ci, une fille reléguer sa mère âgée, infirme, dans une espèce de taudis situé sous les tuiles, tandis qu'elle occupait, avec son mari et ses enfants, les meilleures pièces de la maison. La pauvre vieille couchait sur un misérable grabat qu'elle ne pouvait plus quitter, et dont on ne renouvelait pas trois fois les draps dans l'année. Le matin, le soir, on lui portait quelque nourriture, puis on n'y retournait pas, sous prétexte que sa mémoire et sa tête n'y étaient plus, qu'elle pouvait très-bien se passer de société, et qu'on avait affaire ailleurs. Une voisine, émue de compassion, montait de temps à autre vers cette malheureuse mère, étanchait sa soif, et chassait les mouches qui s'amassaient sur son corps paralysé. Une dernière maladie survint, la pauvre mère resta huit heures entières à l'agonie, sans que sa fille songeât à lui porter secours; ce fut entre les bras de la voisine qu'elle expira.

— Oh! c'est affreux! s'écria Louise en pleurant et en cachant sa tête entre ses mains.

— Sans chercher des exemples aussi odieux,

poursuivit Mme Dubois, ce que nous voyons tous les jours autour de nous ne dénote-t-il pas dans le cœur des enfants une abominable sécheresse, ce mépris des commandements de Dieu, cette absence des affections naturelles, dont parle saint Paul dans le premier chapître de son épître aux Romains? N'arrive-t-il pas tous les jours que des parents eux-mêmes enseignent à leurs enfants la désobéissance, l'irrévérence envers un grand-père, envers une grand-mère? Ne se plaint-on pas devant ces derniers de leurs infirmités qui exigent des soins, de leur appétit qui appauvrit la famille? Un fils, une fille s'imposent-ils quelque privation pour adoucir la vieillesse d'un père, pour lui procurer de chauds vêtements ou une nourriture fortifiante? Quand les parents âgés tombent malades, s'empresse-t-on d'aller au médecin, achète-t-on les remèdes qu'il prescrit, ne laisse-t-on pas la mort s'emparer au plus vite de ce corps dont la longue vie pèse à tout le monde? Ces pauvres êtres abandonnés, ils ont dépensé leur existence pour soutenir la vie de leur fils, de leur fille. Si les infirmités leur arrivent de bonne heure, s'ils sont avant le temps obligés d'interrompre tout travail, c'est qu'ils ont affronté la fatigue, la faim, le froid, pour nourrir ces enfants qui les délaissent.

— Oh ! Madame ! murmura Louise à travers ses sanglots.

— Vous avez raison de pleurer Louise. Grâce à Dieu, votre conduite envers votre belle-mère n'offre rien de pareil ; sa chambre, je le sais, est la plus gaie de la maison, son lit le meilleur, vous lui avez laissé la direction du ménage, vous lui témoignez du respect ; cependant, descendez tout au fond de votre cœur, mon enfant, et dites-le moi, les sentiments d'impatience que vous cultivez en secret, ne sont-ils pas les mêmes qui ont produit, qui produisent à l'heure qu'il est, ces faits dont la seule pensée vous indigne ?

— J'ai horreur de moi ! que dois-je faire, oh ! que dois-je faire?

— D'abord, ma chère Louise, accepter *dans son entier* l'obligation que Dieu vous a imposée ; ne plus batailler contre elle. Le Seigneur a mis ce joug sur votre cou, dites-vous qu'il vous est bon. Ne vous amusez pas à songer au bonheur dont vous jouiriez, si votre belle-mère ne vivait pas sous votre toit : il y a du poison dans de telles rêveries. Ne vous arrêtez ni aux regrets, ni aux arrière-pensées, ni aux mauvais désirs. Votre belle-mère réclame des sacrifices, ne les lui faites pas acheter ; refusez-vous le plaisir des vengeances de détail; laissez là votre volonté une fois pour toutes, laissez là aux pieds du Seigneur, oui, donnez-vous à Christ, mon enfant, il vous conduira pas après pas. — Et puis (c'est par là peut-être que j'aurais dû commencer), *aimez* votre belle-mère, *aimez-la beaucoup.*

— J'ai de l'affection pour elle, Madame, je vous le certifie.

—Vous croyez en avoir, Louise, vous vous trompez; ou plutôt, vous n'aimez pas comme il faut. Aimez Mme Latour indépendamment de ses qualités ou de ses défauts, indépendamment de ses bons ou de ses mauvais procédés; aimez son âme, son âme pour laquelle Christ est mort. Aimez votre belle-mère à cause des soins qu'elle a prodigués à votre mari, à cause de l'attachement qu'elle lui témoigne, quelque exigeante, quelque importune que soit d'ailleurs une telle tendresse! Vous savez, Louise, à qui il faut demander de disposer ainsi votre cœur; allez à Celui-là, mon enfant, allez-y à chaque instant, dans chaque circonstance, et vos rapports si difficiles se simplifieront.

Tel ou tel acte de support vous semblait impossible, vous serez étonnée de le trouver aisé; vous ne rencontriez qu'amertume dans vos relations avec votre belle-mère, elles revêtiront par moments une grande douceur ; vous retomberez quelquefois, souvent peut-être; vous aurez des heures d'irritation, d'autres de découragement, mais Christ est là, de sa main forte il vous relèvera.

Louise était trop émue pour pouvoir répondre.

— Et le salut de la mère de votre Antoine, poursuivit Mme Dubois, quel objet de sollicitude!.. Mon enfant, si à cause de vous elle s'éloignait du seul Sauveur, n'y aurait-il pas là de quoi pleurer éternellement!.. Et si à cause de vous elle vient à connaître, à aimer Jésus ; si elle goûte dès cette vie l'immense félicité du pardon; si elle entre, en tenant votre main, dans la glorieuse Jérusalem, n'y aura-t-il pas de quoi se réjouir aux siècles des siècles avec les anges?

— Rien, non, rien ne me coûtera pour triompher de moi, murmura Louise.

— Courage! ne vous épargnez point; le temps est court. Quand le Seigneur aura retiré votre belle-mère, et que vous ne pourrez plus rien pour elle, vos souffrances, votre soumission, tout cela vous paraîtra peu de chose, mon enfant.

— Quel remords, s'écria la jeune femme, si j'avais rempli d'amertune les vieux jours de ma belle-mère!.. Avec la grâce de mon Dieu, je l'aimerai, je lui obéirai, j'y trouverai mon plaisir... S'il le faut, je lui sacrifierai mes plus douces joies, notre intimité, notre...

— Sacrifiez-lui votre amour-propre, vos convenances, vos plaisirs même les plus chers, mais réservez avec prudence, avec fermeté ce qui touche à la vie du mariage ; il y a là des devoirs aussi. Gardez à votre mari la connaissance de vos pensées secrètes ; conservez-lui son autorité ; ayez ensemble des moments de solitude, durant lesquels vous puissiez lire, prier, causer sans témoins. Que vos enfants de même respectent leur grand'-mère, qu'ils lui soient soumis, mais qu'ils le soient dans la mesure chrétienne. Faites au Seigneur la première place partout ; au chef de famille, la seconde ; déterminez vos rapports avec votre belle-mère en présence de Dieu. Résignez-vous à froisser quelquefois, à blesser même ; mais sur la blessure appliquez toujours le baume de la tendresse et du respect.

— Que tout cela est difficile !..

— Dites *impossible*, Louise, sans le secours journalier du Saint-Esprit. Mon enfant, c'est par beaucoup d'afflictions qu'on entre dans le royaume de Dieu. Vous passerez par de cruelles angoisses ; je vous l'ai dit, vous tomberez alors que vous vous croirez debout; vous verrez peut-être un redoublement de froideur répondre à votre dévouement; mais *nous sommes plus que vainqueurs par celui qui nous a aimés*, Louise, et puis, l'épreuve nous convient; il nous faut être émondés pour porter du fruit; confions-nous donc à celui qui tient la serpe, il ne retranche que les branches mortes.

Après un moment de silence :

— Si vous avez le temps de m'écouter, Madame, reprit Louise, les yeux encore humides et le cœur gros, je vous dirai que je ne suis pas toujours contente de moi sous d'autres rapports..... il s'agit d'Antoine. Oh! cela n'est presque rien, et toute la faute vient de moi.

Dieu m'a fait des grâces inouïes; je puis le dire sans me gêner, puisqu'Antoine n'est pas là: J'ai en mon mari un ami tendre, profondément pieux, qui me soutient, qui me supporte, que j'aime de toutes mes forces!.. Eh bien, le croiriez-vous, Madame, heureuse comme je le suis, il y a des moments où je trouve le moyen d'être triste, des moments où je trouve le moyen de me fâcher contre Antoine, où je me préoccupe de ce qui lui manque peut-être, pour le regretter avec déraison!

Mon naturel est ouvert. Dire à mon mari tout ce qui me vient dans l'âme est un besoin pour moi. Antoine, au contraire, se renferme souvent en lui-même, et lorsqu'il a l'air de ne pas prendre intérêt à mes confidences, je me retire blessée, je vais à l'écart nourrir des sentiments de rancune; si dans ce moment il se rapproche de moi, j'éprouve une diabolique joie à le repousser.

Son amour s'exprime plus par des actes que par des paroles... Dans ses heures de silence obstiné, je suis assez folle pour mettre en doute son affection; son calme me fatigue, m'impatiente presque. Ai-je une observation à lui adresser, je le fais quelquefois avec douceur, avec humilité... plus souvent c'est ma passion, mon orgueil qui parlent; j'ai l'air fâchée, et je querelle au lieu d'avertir.

Antoine est par-ci par-là un peu sombre; dans ces instants, je m'attache à examiner sa physionomie; je m'en exagère le sérieux; après un ou deux essais pour le mettre en gaîté, je me crispe moi aussi; je l'interrogeais avec tendresse, je lui adresse quelques mots froids, irritants; si cela ne suffit pas pour l'émouvoir, je recommence, je redouble, je deviens insupportable, et je finis par le faire sortir de sa douceur habituelle, ce qui l'afflige profondément, et moi plus que lui, lorsque je rentre en moi-même.

— Mon enfant, rien de tout cela ne m'étonne. Vous êtes exigeante, vous êtes insupportable (pour me servir de vos expressions), parce que vous êtes idolâtre.

— Oh! oui! c'est bien cela! j'aime trop, mille fois trop Antoine!

— Dites : *pas assez*. Vous l'aimez en égoïste; car l'*idole*, entendons-nous, mon enfant, l'idole, c'est vous, et non pas lui.

— Pourtant... fit Louise d'un air de doute...

— Jugez-en, Louise, et voyez si dans votre union vous poursuivez ce qui vous plaît ou ce qui convient à votre mari? Voyez si ce n'est pas de vous, de vous plus que de lui que vous vous préoccupez... Vous vous expliquerez alors comment, tout en croyant trop aimer M. Latour, vous le tourmentez parfois. Allez, mon enfant, les âpres fruits sauvages ne croissent ni sur le figuier ni sur la vigne. Quand vous surprenez en vous des mouvements d'impatience contre votre mari; quand, malgré son affection, sa piété, le charme de son caractère, vous nourrissez du mécontentement, ne vous faites pas l'illusion de croire que ces sentiments viennent de votre amour pour lui; c'est de votre amour pour vous qu'ils procèdent, sachez-le bien.

Mais il y a ici autre chose. Croyez-moi, Louise, s'il est bon d'éclaircir tous les points louches, de ne pas laisser s'établir des rapports froids et contraints dans le mariage, s'il faut aller au-devant des pensées de l'homme, ouvrir soi-même ce cœur naturellement fermé, il y a du danger à examiner de trop près l'humeur ou la physionomie d'un mari; il y en a à provoquer trop facilement des explications, à le tyranniser à force de sensibilité inquiète... impérieuse, pour mieux dire. N'appliquons pas tant notre imagination à regretter ce que nous n'avons point qu'à nous réjouir de ce que nous possédons. Vous l'avez dit, Louise, vous êtes la plus heureuse des femmes; eh bien, mon enfant, la plus heureuse des femmes trouvera toujours des taches à son bonheur... surtout si elle met des lunettes pour les mieux voir.

Louise, je vous conseille de chercher la simplicité de cœur dans les affections; d'aimer en effet, et non en idées; de vous attacher à cette obéissance, à cette déférence que, sous prétexte de tendresse, nous remplaçons trop souvent par une liberté qui ne convient pas. Fuyez les discussions, l'amour-propre s'en mêle trop vite pour que l'amour y demeure sain et sauf.

Que jamais un tiers, que jamais votre belle-mère, vos enfants, n'assistent à ces divisions momentanées. Eussiez-vous mille fois raison, retenez le mot qui, en vous faisant triompher, humilierait votre mari, ou donnerait à penser que vous ne vous entendez plus. L'unité entre les époux est une arche sainte, personne n'y doit toucher : ceux qui en ont la garde pas plus que les autres.

— Merci, Madame, merci; vous parlez comme ma conscience.

— Cependant, ma Louise, c'est peut-être la dernière fois que je vous parlerai ainsi; oh! ne vous effrayez pas. J'ai entendu avec un vif intérêt les confidences que vous venez de me faire sur vos relations conjugales; mes conseils vous seront utiles, je l'espère; mais, écoutez-moi bien, Louise; découvrir ces détails intimes à d'autres, ce serait porter atteinte à la dignité du mariage; nul œil étranger, mon enfant, pas même le mien, ne doit se glisser entre votre mari et vous! L'union a été faite pour renfermer deux personnes, pas une de plus. Dans vos difficultés, allez au Seigneur, Il vous dira *tout ce qu'il faut faire.* Priez-le seule, avec régularité, en consacrant un certain temps à ce saint exercice... Je parierais que là-dessus il y a quelques reproches à vous adresser?

— Je prie avec Antoine, et seule un instant avant de m'endormir; souvent aussi durant mes occupations de la journée.

— Mon enfant, ce n'est pas assez. La prière est une joie, elle est aussi un combat; nous ne pouvons nous approcher de l'Eternel sans renverser, à droite et à gauche, cent ennemis : la distraction, la froideur, la sécheresse. Le Seigneur, quelquefois, se fait chercher, Il exerce notre foi par un apparent abandon; il faut donc du temps pour se préparer à la prière, pour prier avec efficacité. Ne laissez point de prétexte à votre paresse; ne permettez pas à Satan de vous dire : « Aujourd'hui tu n'as pas le loisir, tu es mal préparée, demain tu prieras à ton aise ! » Levez-vous un peu plus tôt, couchez-vous un peu plus tard, et mettez au moins quinze minutes devant vous pour lire quelques versets, pour présenter toutes vos requêtes au Seigneur.

Louise se leva et pressa les mains de Mme Dubois dans les siennes.

— Me voilà prête à faire ce que le Seigneur voudra, s'écria-t-elle; Il m'en donnera les moyens.

Louise Latour quitta le château et descendit le sentier, accompagnée par Mme Dubois, qui avait affaire dans le village. La conversation tomba sur les anciennes compagnes de Louise.

— Maintenant il n'y a pas à s'occuper de Rose Maillard, autrement que par la prière, dit Louise; la prospérité l'a comme endurcie; elle se croit heureuse, les idées sérieuses l'irritent ou la font rire; c'est Dieu qui se chargera de la toucher... Mais Clémence, ma chère Madame, oh! Clémence a besoin de toute notre affection. Elle n'est pas entièrement tombée, elle est même plus près de revenir à la vérité qu'elle ne le croit; elle a éprouvé de cruelles déceptions : son orgueil, son cœur, tout est froissé dans ce moment; elle se révolte, mais si elle peut comprendre que Jésus l'aime encore, elle est sauvée!...

Et par elle, on pourrait arriver au père Giraud, lui faire échanger sa triste philosophie, ses superstitions (car il en a, et qui marchent de bon accord avec son incrédulité) contre les convictions évangéliques! Quelle œuvre ce serait! quelle bénédiction!

Mme Dubois secoua la tête.

— Ah! ma chère Madame, cette fois-ci je vous prends en faute, et j'en suis bien aise, car cela ne m'arrive guère!

— C'est vrai, j'ai manqué de confiance en

la puissance du Saint-Esprit pour convertir. Mais je vous le promets, Louise, si Clémence ne vient pas me voir, j'irai la trouver ; à Dieu le soin de faire le reste.

Là-dessus les deux amies se séparèrent : l'une, pour rentrer l'âme fortifiée et comme rafraîchie dans son heureux ménage ; l'autre, pour vaquer à ses devoirs, et, tout en les remplissant, recommander au Seigneur sa protégée, pieuse de cœur et de fait, mais encore bien jeune dans la vie chrétienne.

CHAPITRE III.

L'orgueil va devant l'écrasement.

—

Clémence avait eu plusieurs fois le désir de monter au château, son cœur sentait le besoin des consolations de Mme Dubois, son âme soupirait après *l'eau vive* des paroles chrétiennes; mais sa fierté redoutait une leçon, même un conseil; les jours passaient, les semaines aussi, et Clémence restait chez elle.

Un jour que Giraud avait quitté la ferme pour se rendre à une foire des environs, que Clémence, tristement assise devant sa porte, pensait avec un certain regret à Mme Dubois, qui, suivant ses calculs, devait alors se trouver à Paris, celle-ci entra dans la cour. Clémence rougit beaucoup.

— Je reviens, mon enfant, dit affectueusement

Mme Dubois, en se dirigeant avec elle vers le jardin, solitaire à cette heure. Je reviens, au risque de vous ennuyer, de vous fâcher peut-être!

— Oh! Madame!...

— Asseyons-nous, Clémence... Vous souffrez, l'état de votre pauvre âme offre du danger; je me sens pour vous des entrailles de mère; ne vous défendez pas contre ma sollicitude : je ne veux pas pénétrer indiscrètement vos secrets, mais je vous vois en péril, mon enfant, et je vous prie de m'ouvrir votre cœur.

— Eh bien! oui, dit Clémence dont les yeux, depuis longtemps séchés par l'orgueil, laissèrent tout à coup échapper un torrent de larmes; je suis malheureuse, profondément malheureuse! Dieu me punit, il fait bien... et voilà tout.

— Clémence, Dieu est amour; s'Il châtie, Il le fait dans sa tendresse; laissez le regard si miséricordieux du Seigneur s'abaisser sur vous.

— Oh non! c'est fini, reprit Mme Giraud d'une voix oppressée; je ne sais s'il y a un pardon pour moi dans le ciel, mais du bonheur, de la paix sur la terre, il n'y en a plus. J'ai su ce que je faisais, Madame; j'ai sacrifié ma foi, celle de mes enfants; je ne l'ai pas fait par entraînement, par amour, non, car je n'aimais pas Giraud, je ne l'aimerai jamais; je l'ai fait à tête reposée, par calcul, par orgueil... et je le paie. C'est juste, mais c'est cruel!

Ici les pleurs coupèrent sa parole.

— Voyons, ma chère enfant, dit Mme Dubois en prenant les mains de Clémence, pleurez, soulagez votre cœur, vous en avez besoin, et puis calmez-vous et nous causerons en amies... Là, vous sentez-vous mieux?

— Oui, murmura Clémence après un assez long intervalle.

— Vous me parlez de punition, et moi je veux vous parler d'amour. Voyez-vous... et Mme Dubois ouvrit une petite Bible; voyez-vous ce que le Seigneur vous dit là, mon enfant : « Venez à moi, » vous tous qui êtes travaillés et chargés, et je » vous soulagerai. » [1]

— Cela n'est pas pour moi, balbutia la fermière.

— Non!... pour qui donc? Pour les justes : « Ceux qui sont en santé n'ont pas besoin de mé» decin (dit Jésus), mais ceux qui se portent mal; » je ne suis pas venu appeler à la repentance les » justes, mais les pécheurs. [2] — Pour ceux qui cherchent le Seigneur : « Je me suis fait trouver à

[1] Saint Matth. XI, 28. — [2] Saint Marc II, 17.

» ceux qui ne me cherchaient point, »[1] (dit l'Eternel). — Pour de certains pécheurs peut-être, et pas pour d'autres : « Dieu a tant aimé le monde » (dit la Parole), qu'Il a donné son Fils unique, afin » que *quiconque* croit en lui ne périsse point, mais » qu'il ait la vie éternelle. »[2]

Clémence poussa un gros soupir.

— Ah! ma chère enfant, si vous vouliez puiser vous-même dans ce riche trésor, votre âme, peu à peu, reviendrait à la vie.

— J'essaierai, dit très-bas Clémence.

Après un moment de silence :

— Mon enfant, reprit Mme Dubois, vous qui êtes aimée du Seigneur, pourquoi fermeriez-vous votre cœur à l'affection?... il est si doux de donner, même sans espérance de recevoir.

— Aimer, Madame... aimer qui?... un homme que tout sépare de moi!... Je puis accomplir mes devoirs envers lui!... — Ici Clémence se redressa avec fierté, — mais l'aimer, non!...

— Oh! quant à remplir vos devoirs sans que le cœur s'en mêle, détrompez-vous, ma chère Clémence, c'est chose impossible.

— Cependant, Madame, il n'y a pas besoin d'ai-

[1] Esaïe LXV, 1. — [2] Evang. selon saint Jean III, 16.

mer un mari pour lui rester fidèle, pour lui obéir, pour tenir sa maison, pour blanchir son linge, pour soigner ses porcs ou sa basse-cour, répliqua Clémence, chez qui l'esprit mordant reprenait le dessus.

— Eh si! mon enfant, il faut de l'affection, non pas pour faire, mais pour bien faire tout cela. Quand on est indifférent, plutôt quand on hait à un degré quelconque (appelons les choses par leur nom), on ne remplit ses obligations qu'à moitié; on n'est pas adultère, mais on songe à d'autres unions qu'on eût pu contracter, qu'on pourrait former encore si on était libre... on les regrette, bientôt on les désire. On a de la soumission; oui, juste ce qu'il en faut pour ne pas désobéir : on blanchit le linge, on soigne les porcs, je le veux bien... on le fait de mauvaise grâce, avec ennui, pour se débarrasser d'une tâche pénible, et le linge, les porcs, tout s'en ressent.

Et puis, le secours moral que nous devons à un époux, l'influence que nous pouvons exercer sur lui en bien ou en mal, cette union qui nous est ordonnée, qu'en faites-vous, mon enfant?

— De l'union! avec Giraud! s'écria Clémence en haussant les épaules; Madame, on voit bien que vous ne le connaissez pas : Giraud n'a aucun besoin d'affection, il ne sait pas même ce que c'est; s'il le savait il s'en rirait. Giraud, Madame, est arrivé à 60 ans sans éprouver de l'amitié pour qui que ce soit; il m'a épousée parce qu'il voulait avoir des héritiers; son plaisir est de calculer, d'amasser, cela seul lui convient; moi, je ne suis ici que sa première servante.

— Si au lieu d'être, comme vous le dites, sa première servante, vous deveniez vraiment sa femme; s'il trouvait en vous, non pas les exigences de l'affection, mais l'affection elle-même, des soins partant du cœur, un peu de bienveillance, de l'intérêt pour ses affaires...

— Ses affaires! interrompit Clémence qui revenait tout à fait à sa nature orgueilleuse; qui les connaît?... pas moi, assurément: tout est mystère avec Giraud. Il se défie de sa femme plus que de personne. Madame, le croiriez-vous, devant les domestiques de campagne, devant les ouvriers, devant ma petite servante, il me fait la honte de renfermer jusqu'aux provisions du ménage. Oh! il n'y a pas de confusion, il n'y a pas de douleur que je n'aie soufferte.

Giraud me refuse même une robe, même un bonnet. Il dit que les femmes trouvent toujours le moyen de se procurer ce dont elles ont besoin aux dépens des récoltes; il m'enseigne lui-même ce que j'ai à faire.... et j'en profite.

— Clémence, ne tenez pas un pareil langage, il me fait mal. Voulez-vous que je vous parle en toute franchise? J'admets que votre mari soit un de ces hommes qui aiment mieux fermer les yeux sur les friponneries d'une femme, (pourvu que ces friponneries n'aillent pas trop loin,) que de lui donner ce qui lui est nécessaire pour son entretien; l'avarice d'un tel homme autorise-t-elle les mauvaises manœuvres de sa femme? Vendre en cachette quelques cocons, quelques boisseaux de blé ou de haricots, quelques mesures de lait, quelques livres de pain; comment nommez-vous cela, Clémence?

Clémence baissa la tête.

— Moi, je l'appelle *voler*.

A votre place, je voudrais renoncer à tout gain déshonnête, c'est là que je mettrais ma fierté; je voudrais renoncer aussi à des parures, qu'une femme comme vous ne se procure qu'au moyen de ruses indignes d'une âme droite; j'informerais mon mari de cette résolution solennellement prise, et je ne recevrais que de lui, l'argent qu'il me faudrait pour être chétivement, pauvrement vêtue même. En agissant de la sorte, je ne tromperais pas mon prochain, je n'offenserais pas Dieu, je ne dégraderais pas mon âme.

— Ce n'est pas seulement l'âme qui se dégrade ici, s'écria Clémence rouge de confusion, on y perd toute dignité. Ne faut-il pas que moi, la femme du plus riche fermier de la contrée, je travaille comme une pauvresse, pendant que mes amies passent doucement leur temps à ne rien faire.

— Si vous parveniez à voir le service de Christ au travers du service de l'homme, Clémence! si vous pesiez la valeur de ces mots : « Faites tout » pour la gloire de Dieu! »[1] si vous compreniez qu'en effet on peut glorifier Dieu en se livrant aux plus humbles travaux; oui, en balayant les étables, en cousant avec activité, en arrachant les mauvaises herbes de son jardin, en se montrant soigneusement économe; si vous vous persuadiez que ce moyen est peut-être le plus sûr pour toucher votre mari, pour faire naître en lui un nouveau cœur!... oh! Clémence! j'en suis certaine, vous ne vous épargneriez pas; vous forceriez votre cœur à se courber, vous vous soumettriez aux habitudes de Jean-François, même à ses défauts;

[1] 1 Corinth. X, 31,

vous le feriez respecter, parce que vous le respecteriez vous-même, et vous finiriez par l'aimer pour l'amour du Seigneur!

— Plût à Dieu que son avarice ne me causât que des humiliations, reprit Clémence, qui cherchait à conserver intactes sa rébellion, son inimitié et ses souffrances; mais elle m'a arraché le seul bonheur que je pusse goûter encore.

J'avais une fille, Madame, une petite fille de trois ans, jolie, gentille... et de ma religion, celle-là. Elle amusait Giraud, mais il ne l'aimait pas... qu'aime-t-il?... ce n'était pas un héritier; il n'y tenait guère. Madame, mon enfant tombe malade... c'était ma vie que cette petite fille. L'enfant toussait, respirait difficilement; je crois reconnaître le croup; je le dis à Giraud : « Bah! ce n'est rien, » répond-il avec indifférence. J'attends quelques heures, le mal augmente; je prends courage; j'ose parler de médecin, et mon mari, cet homme qui, lorsqu'un de ses bœufs manque d'appétit ou qu'un de ses mulets a la jambe enflée, envoie quérir le vétérinaire, y court lui-même au besoin, mon mari se moque de moi. La nuit passe; mon enfant ne pouvait plus tousser, elle étouffait. J'appelle Giraud; je le conduis vers le lit de sa fille; cette fois il reconnaît qu'il y a du danger; il en est triste... mais savez-vous ce qu'il me répond, Madame, savez-vous ce qu'il me répond, lorsque je le conjure de faire monter à cheval et courir chez le docteur? «Bah! c'est trop tard!» Alors moi, je quitte ma pauvre petite, je m'élance comme une folle dans le chemin; au bout d'une heure, je reviens avec le médecin; mais Giraud avait raison... *il était trop tard.*

Croyez-vous qu'on puisse oublier cela, Madame?.. croyez-vous qu'on puisse pardonner au père qui a, pour ainsi dire, tué son enfant?..

Il y avait encore plus d'exaspération que de douleur chez Clémence.

— Et vous, Clémence, demanda doucement Mme Dubois, croyez-vous que Jésus puisse vous pardonner une telle question, de tels sentiments?..

Oh! Clémence, quittons, quittons les dettes à notre prochain, si nous ne voulons pas, à l'heure dernière, rencontrer un créancier sans miséricorde![1]

Mon enfant, le triste fait que vous venez de me raconter n'est pas l'histoire exceptionnelle d'une

[1] Saint Matth. XVIII, 21 à la fin.

avarice exceptionnelle aussi ; c'est le désolant, mais très-commun, très-fréquent résultat d'un calcul odieux et général.

Courir au vétérinaire dès qu'une bête de somme ou de labour a quelque mal ; n'appeler le médecin que lorsque tout espoir est perdu : voilà l'habitude de la plupart des habitants de nos campagnes. On veut sauver la bête, parce que la bête a coûté de l'argent, parce qu'elle en rapporte, parce qu'il en faudra pour la remplacer ; on se résigne vite à perdre la femme ou l'enfant, parce qu'ils coûtent à nourrir, à vêtir, parce qu'ils coûteraient plus à guérir, parce qu'on en retrouve d'autres sans bourse délier. C'est un crime, mais un crime qui n'est pas particulier à Giraud. Il faut en rougir, il faut en pleurer, mais il faut nous en accuser tous, car il a sa racine dans un égoïsme que nous trouvons au fond de tous nos cœurs : dans le mien, dans le vôtre, comme dans celui de votre mari.

Clémence, dont cette conclusion froissait l'orgueil, poursuivit avec véhémence :

— Et les enfants qui me restent, Madame, quelle jouissance me donnent-ils !.. Je le sais, (et son ton redevint sec et froid), je mérite toutes les peines qu'ils me causeront; je m'y attends, je m'y soumets d'avance.

— C'est justement ce qu'il ne faut pas faire! s'écria Mme Dubois.

— Eh, Madame! comment voulez-vous que je m'y prenne? L'exemple de leur père peut-il leur enseigner quelque chose de bon? Jean-François s'occupe-t-il d'eux autrement que pour rire quand Thomas joue au plus fin avec lui; autrement que pour tirer les oreilles de Pierre quand il l'attrape; autrement que pour les gronder tous deux quand, au lieu d'aider les ouvriers, l'un court vers les frères, et l'autre se sauve à travers champs.

L'aîné, Thomas, n'a point de confiance en moi; il ne me témoigne aucune tendresse; il ne m'appartient déjà plus. Et le cadet, le cadet, lorsque je le réprimande, me répond : « Je suis de la religion de mon père, moi! »; et quand son père le querelle : « Je n'aime ni vos curés ni vos messes; je suis de la religion de ma mère! » De religion! ce malheureux enfant n'en a point. Où la prendrait-il?

— Où la prendrait-il! répéta Mme Dubois. Mon enfant, avez-vous essayé de lire, de prier avec lui?

— Une fois ou deux; mais cela l'ennuie; il se

plaint à son père, et Giraud se fâche contre moi, au lieu de prendre mon parti.

— Clémence, vous avez un grand devoir à remplir envers vos enfants, celui de leur présenter la vérité, de la leur présenter dans vos paroles et dans votre conduite. Pour la leur offrir, il faut la posséder. Commencez donc par retourner vous-même à la lecture sérieuse de la Bible; agenouillez-vous devant Dieu, avouez-lui de plein cœur vos péchés; demandez au Saint-Esprit de vous éclairer; regardez à votre Sauveur, qui a souffert pour vous, dont vous êtes l'enfant, et vous vous sentirez alors une nouvelle créature. Vous n'aurez rien de plus pressé que d'inspirer à vos enfants de l'amour pour Christ; vous ne leur ferez plus de leçons fastidieuses, que l'un n'écouterait pas, qui mettraient l'autre en défiance; vous leur raconterez les belles vies des patriarches, l'histoire du peuple de Dieu; vous leur direz les paraboles du Sauveur, et vous leur en ferez chercher le sens avec vous. Le soir, avant leur sommeil, vous vous mettrez à genoux près de leur lit, et vous recommanderez leurs âmes au bon Sauveur, non par le moyen de prières récitées, mais en parlant au Seigneur comme un ami parle à son ami, de manière à ce que vos enfants prennent intérêt à ce que vous dites, et peu à peu s'y joignent de cœur. Vous ne ferez rien de tout cela en cachette; tout au grand jour; et qui sait, Clémence, qui sait si, avec la grâce de Dieu, ces paroles, cet exemple, n'attendriront point Giraud? Qui sait si, lorsque l'âme renouvelée par l'assurance de votre pardon, pleine de bonne volonté, ayant trouvé le bonheur, et désireuse de le répandre autour de vous, vous userez envers lui de support, de respect, de confiance et d'affection; qui sait, Clémence, si le Seigneur ne vous accordera pas l'immense joie de voir naître aussi dans ce cœur glacé une vraie, une forte foi?.. Qui sait si, un jour, vous ne prierez pas avec votre mari?..

— Jamais! jamais! fit Clémence d'une voix étouffée et le cœur serré; non, c'est fini. Pour nos enfants, oui, il peut y avoir encore quelque espoir; oui, j'essaierai de faire quelque chose... mais Giraud, c'est inutile; il me répéterait ce qu'il me dit lorsque je lui adresse un reproche: « Tu as ta religion, j'ai la mienne! laisse-moi en paix. »

— Ce n'est pas de reproches que je vous parle, ma chère Clémence, c'est de tendresse, c'est de dévoûment.

— Madame, non, cela ne se peut pas. Ce que

j'ai à faire, ce que j'ai fait, ce que je ferai, c'est de me renfermer en moi-même, de laisser Giraud agir de son côté, et de rester dans mon coin; au moins mes sentiments, mes pensées seront libres.

— Libre de pécher, vous le serez; libre d'accroître votre malheur, libre de rendre insupportable le peu de rapports que vous serez obligée de soutenir avec votre mari, oui, encore; mais quoi que vous fassiez, vous serez sa femme; il restera des devoirs à remplir, il y aura des heures où il faudra voir Giraud, lui obéir, le servir; vous traînerez toujours à votre pied un bout de chaîne.

Croyez-moi, Clémence, cette chaîne si lourde vous pèserait moins si vous la preniez à deux mains, avec le loyal désir de la porter sans murmure.

Etes-vous soulagée, mon enfant, lorsque vous vous retirez à part, lorsque vous ne montrez à votre mari que fierté, que sécheresse; lorsque vous cachez, sous une apparente indifférence, le chagrin que vous causent ses moqueries; lorsque, vous repentant d'une repentance orgueilleuse, et non chrétienne, de la faute que vous avez faite en l'épousant, vous vous irritez contre lui, vous vous exagérez les torts qu'il a, vous lui en cherchez qu'il n'a pas? Cela vous donne-t-il du courage?

cela diminue-t-il vos peines ? cela vous aide-t-il à remplir vos devoirs?

— Non, murmura Clémence; puis elle ajouta, secrètement poussée par sa conscience : Il me semble alors qu'un serpent me ronge le cœur.

— Clémence, soyez-en sûre, ce qui trouble ainsi, ce qui dévore ainsi, vient du malin. Point d'alliance avec le démon, Clémence : la guerre, une franche, une persévérante guerre dans laquelle Jésus lui-même combattra pour vous.

Clémence soupira.

— Mon enfant, ce n'est pas de haine que votre cœur a besoin, c'est d'amour. Aimez Dieu qui vous a donné son Fils; aimez Jésus qui, toute méchante que vous êtes, vous a aimée jusqu'à mourir pour vous. Quand vous en serez là, Clémence, vous aimerez cette pauvre âme méchante aussi, mais pas plus que la vôtre, pas plus que la mienne; vous sentirez qu'une grande responsabilité pèse sur vous, que de grandes obligations vous sont imposées, vous vous appuierez sur la main du Sauveur, et vous ne reculerez pas.

En prononçant ces dernières paroles, Mme Dubois se leva; lorsqu'elle fut arrivée vers la porte, Clémence dit presque bas, mais d'une voix émue :

— Je lirai la Bible et je prierai.

— Que Dieu, qui vous donne le vouloir, vous donne aussi l'exécution.

Mme Dubois embrassa Clémence, lui laissa son adresse pour Paris, la pria de lui écrire, et s'en fut.

CHAPITRE IV.

Le fardeau du diable est pesant et son joug malaisé.

—

Il y avait trois mois que Mme Dubois était à Paris; on se trouvait en décembre, et les rigueurs de l'hiver commençaient à se faire sentir, lorsque Mme de Mallens, revenant un jour d'un comité de bienfaisance dont elle faisait partie, dit à sa femme de charge : « Tenez, ma bonne Dubois, voici de l'ouvrage pour vous. On m'a confié le soin d'une pauvre famille qui s'est adressée à notre association. Allez, voyez; vous me ferez votre rapport, et si ces gens méritent qu'on s'intéresse à eux, je les visiterai moi-même, et je les recommanderai.» En finissant, Mme de Mallens tendit une lettre à la gouvernante. Ces pages sales, chiffonnées, sentant le tabac, contenaient un de ces récits de misère, une de ces pressantes demandes de secours, telles que les riches compatissants en reçoivent à Paris par centaines.

Il s'agissait d'une femme malade, d'un mari sans travail, d'un loyer à payer, d'une famille nombreuse privée de pain, de feu, de vêtements.

Une triste expérience avait appris à Mme Dubois qu'il faut souvent rabattre la moitié de ces détails, sous peine d'accorder au mensonge et à l'inconduite l'aumône due à la pauvreté honnête; elle savait qu'à Paris, plus que partout ailleurs, il faut se donner la peine de voir par ses yeux; et bien que la matinée fût avancée, qu'il neigeât, elle mit ses socques, prit son parapluie, et partit pour la rue des *Brodeurs*, adresse indiquée par les signataires de la lettre, *les époux Jaquemin*, nom inconnu à Mme Dubois.

Après trois quarts d'heure de marche, Mme Dubois entra dans la sombre rue des Brodeurs; elle arriva devant une petite porte de chétive apparence, traversa dans sa longueur un corridor noir, monta à tâtons les rampes d'un escalier dégradé, et demeura immobile, arrêtée par le tumulte qui se faisait entendre au-dessus d'elle.

— Le misérable! criait une voix féminine; sait-il apporter un morceau de pain à ses enfants?

N'est-ce pas la famine qu'il nous amène toutes les fois qu'il revient ici?

— Ça, c'est vrai, dit une autre voix de femme.

— Ne me pousse pas! interrompit un troisième interlocuteur, dont le mâle accent vibrait de colère.

— Te pousser!.. te pousser!.. Ah bien oui! faudra mettre des gants pour parler à Monsieur!

Un immense éclat de rire accueillit cette saillie.

— Ne me pousse pas! je te le répète!

— Un fainéant! continua la voix de femme, un ivrogne!.. un...

— Vois-tu, femme, encore un mot, et tu sentiras...

— Eh! va toujours! s'écrièrent deux ou trois voisines; as-tu peur?.. Allons, dis-lui son fait!..

— Un sans cœur!

— Femme, femme!

— Un brigand, un lâche!

Ici la voix fut tout à coup interrompue; l'on entendit cinq ou six coups vigoureusement appliqués; des cris, des pleurs éclatèrent, et un homme s'élança dans l'escalier, qu'il descendit quatre à quatre, non sans renverser à moitié Mme Dubois, tremblante de frayeur.

Après un instant employé à se remettre, la gouvernante monta, regarda le numéro de la chambre, (c'était celui qu'indiquait la lettre,) et entra.

Une femme échevelée, les habits sales et déchirés, se lamentait assise sur un escabeau; autour d'elle s'empressaient quelques voisines, la figure animée du plaisir que causent les émotions violentes; les unes consolant la malheureuse battue, les autres renouvelant ses griefs contre le coupable; peu cherchant à mettre la paix, et toutes s'efforçant de prolonger ce qui était pour elles un spectacle plein d'intérêt.

Une petite fille de sept ans, trois petits garçons à peu près nus, regardaient leur mère d'un air stupide. La chambre était à peine éclairée par une croisée qui donnait sur l'arrière-cour de la maison. Une table, un poêle en fer, un grabat, puis un autre lit plus petit, ou plutôt un tas de paille recouvert de chiffons, en formaient tout le mobilier. Le jour était si faible, qu'on distinguait mal les objets, et l'air si étouffé, si impur, que Mme Dubois en perdit presque la respiration.

A sa vue, les voisines s'écartèrent un peu; la femme se retourna, cette figure réveilla comme un vague souvenir dans la mémoire de Mme Dubois.

— Je viens de la part de Mme de Mallens, dit-elle : voici une lettre que vous avez écrite au comité de bienfaisance....

La femme laissa échapper cette exclamation : « Mme Dubois ! »

Sa voix frappa la gouvernante, elle s'avança, examina ce visage flétri, arrêta un instant ses regards sur ces yeux caves ; puis :

— Justine ! murmura-t-elle avec émotion, ici, dans cet état !

Les voisines se rapprochèrent, elle espéraient une scène nouvelle, une reconnaissance, quelque chose de plus amusant qu'une dispute, de plus rare surtout ; leur attente fut trompée.

— Mesdames, dit avec politesse, mais avec fermeté Mme Dubois, veuillez nous permettre de demeurer seules. Elle les reconduisit, et la porte fermée derrière elles ne leur laissa que le triste plaisir de se moquer du grave maintien de Mme Dubois.

— Justine ! répéta presque involontairement la gouvernante ; vous, ici ! vous, mon enfant ! vous, excitant à plaisir votre mari par des paroles grossières ! vous, donnant au public le scandaleux spectacle de vos querelles ! Et Mme Dubois joignit les mains avec douleur.

Justine était retombée sur son escabeau.

— Oh! Justine! vous retrouver dans une pareille misère! dans un pareil désordre!... ces enfants à demi-vêtus! pas un meuble...

Mme Dubois promena ses regards dans la chambre, puis les ramenant sur Justine toujours muette, toujours le front baissé : « Pauvre enfant! » murmura-t-elle; et elle lui prit affectueusement les mains.

— C'est cet homme! s'écria tout à coup Justine en relevant la tête avec véhémence, c'est cet homme! il est la cause de tout; sans lui, je travaillerais, je nourrirais mes enfants, mais avec un dissipateur comme celui-là, que faire?... Un homme qui, s'il le voulait, nous soutiendrait tous; il n'y a pas un ouvrier menuisier qui le vaille... mais non, il préfère courir, boire, et m'assassiner de coups. Ici Justine fondit en larmes.

— Ah! pour cela, interrompit Mme Dubois, je vous arrête; j'étais dans l'escalier, je n'ai pas tout entendu, c'est vrai; je ne connais pas M. Jaquemin, je ne sais s'il est emporté; mais ce que je dois vous dire, Justine, c'est que vous l'avez poussé à bout : vous ajoutiez l'injure à l'injure, il vous imposait silence, vous ne vous en montriez que plus excitée, tout cela en présence de témoins, de témoins qui jetaient l'huile sur le feu. Justine, vous avez semé le vent, vous avez moissonné le tourbillon; [1] ce n'est que justice, mon enfant.

— Autrefois nous nous querellions aussi, mais il en revenait vite, et après, nous nous aimions mieux qu'avant... maintenant tout est changé, tout va de mal en pis.

— Autrefois, reprit Mme Dubois, oui, je le crois, mon enfant; autrefois vous vous laissiez entraîner par le diabolique plaisir de chercher des émotions dans le dissentiment; votre affection résistait à ces chocs, le chagrin d'avoir été un instant désunis semblait accroître votre tendresse, n'est-ce pas? mais ces scènes, rares d'abord, se sont fréquemment répétées; ces altercations ont laissé plus d'amertume dans vos cœurs, un désir moins pressant de pardonner. Vous avez pu passer des heures, puis des jours, puis des semaines sans revenir l'un à l'autre; et maintenant les querelles succèdent aux querelles, sans que le regret, sans que l'affection vous rapprochent. N'est-ce pas là votre histoire, Justine?

Justine soupira et baissa les yeux.

— Pourtant, je l'aime, reprit-elle, il a bon cœur;

[1] Osée VIII, 7.

mais cette ivrognerie, cette faiblesse de caractère, ce désordre!... d'ailleurs, il me trompe, j'en suis sûre, s'écria-t-elle avec emportement. Oui, il s'amuse avec d'autres pendant que je pleure ici, pendant que ces innocents meurent de faim!

— Justine, prenez garde, il est votre mari; devant Dieu vous avez juré de le respecter.

A ces mots, les joues, le front pâle de Justine se couvrirent subitement d'une rougeur éclatante. Mme Dubois s'arrêta, regarda Justine, et involontairement: — Car... vous êtes mariée, poursuivit-elle.

— Non! fit Justine presque sans voix.

Il y eut un silence solennel, puis :

— Une jeune fille que son Sauveur avait appelée... qui connaissait l'Évangile! reprit Mme Dubois comme se parlant à elle-même.

Justine fondit en larmes.

— Mon enfant, mon enfant, comment en êtes-vous venue là! Et vous voulez que cet homme vous soit fidèle! que la paix règne dans une telle union!... et vous pensez que Dieu peut vous bénir... vous, lui, vos enfants! Ah! Justine, Justine, rien ne m'étonne plus.

— Oh! Madame, s'écria Justine à demi-suffoquée par les sanglots, et saisissant la main de son ancienne amie : je vais tout vous dire. J'ai quitté Saint-Agrève, voilà ce qui m'a perdue. Ah! si vous étiez restée près de nous!

— Le Seigneur ne vous abandonnait pas, interrompit doucement Mme Dubois, vous pouviez le prier.

— Je l'ai fait... mais pas assez peut-être. J'avais envie de voir le monde; ma cousine, qui habitait Paris, m'écrivit de venir la rejoindre, elle me promettait une place; je me rappelai vos conseils, ils m'arrêtèrent un instant; et puis, avec la crainte de Dieu, me dis-je, on peut se bien conduire partout; mes parents ne s'opposèrent que faiblement à mon départ, et je quittai Saint-Agrève.

La place que m'avait procurée ma cousine était mauvaise; on y avait des gages élevés, c'est vrai, mais les autres domestiques faisaient de la dépense, et il fallait faire comme eux.

— *Il fallait?* demanda Mme Dubois.

— Hélas ! Madame, j'essayai quelque temps de demeurer simple, on se moqua de moi, ma maîtresse la première : elle était impérieuse, pleine de caprices; mon service fini, il ne me restait pas une minute pour prier; quand j'en aurais eu le désir d'ailleurs, ma tête n'y était plus.

— Ni votre tête, ni votre cœur, pauvre Justine.

— Mon temps se passait à coiffer, à habiller Madame ; elle recevait beaucoup de monde, je n'entendais jamais parler que de toilette, de bals, d'Opéra... d'autres choses... plus mauvaises...

— Mais il y a des temples protestants à Paris, il y a des pasteurs ; ne pouviez-vous le Dimanche au moins...

— Oh ! le Dimanche j'étais bien plus occupée que les autres jours, parce que Madame donnait à dîner; et puis cette agitation, ce tourbillonnement m'empêchaient de réfléchir ; toutes les fois que le souvenir de vos paroles me revenait à la mémoire, que je retournais à des pensées sérieuses, on voyait cela sur ma physionomie et l'on riait de moi, ou bien l'on s'efforçait de me distraire.

Un jour qu'elle était de mauvaise humeur, Madame me renvoya. Après quelques semaines de recherches pendant lesquelles je dépensai mon argent, je trouvai une place inférieure à la première et plus mondaine encore. Je continuai à me livrer à la dissipation ; toutes les fois que je le pouvais j'allais au théâtre, au bal ; mon ouvrage s'en ressentait, mon caractère aussi : je fus congédiée.

Quelque temps auparavant j'avais fait la connaissance de Victor ; je l'avais rencontré dans une partie de plaisir, il m'avait offert de me conduire au spectacle; le Dimanche nous dansions ensemble, je le retrouvais partout. Il me parla de mariage; mais avant de m'épouser il voulait, disait-il, gagner une petite somme qui nous permît de nous établir d'une manière convenable. J'étais sans ouvrage.... dans l'abandon.... et.... alors.....

Justine s'arrêta.

— Alors, pauvre malheureuse enfant, vous avez oublié qu'il y a un Dieu, un Dieu qui est Dieu de près, que nous pouvons invoquer dans la détresse; un Dieu qui « n'éteint pas le lumignon fumant ;»[1] et au lieu de l'appeler à votre secours, de rompre avec la tentation, de retourner à pied, s'il le fallait, dans votre village, vous avez cédé, vous êtes tombée.

— Ah! Madame, au commencement Victor m'aimait, il prenait soin de moi, il ne me quittait pas.... mais à présent!

— Au commencement aviez-vous la paix dans le cœur? pouviez-vous prier? pouviez-vous placer votre bonheur sous la protection de l'Eternel?...

— Non, murmura Justine; j'étais par moments comme enivrée, comme folle de joie, mais souvent triste. J'avais peur. Alors Victor me procu-

[1] Esaïe XLII, 3. Matth. XII, 20.

rait mille plaisirs, celui du théâtre surtout; je le préférais aux autres, mais j'en sortais agitée, et le lendemain tout me déplaisait autour de moi.

Il fallait vivre pourtant : j'essayai de coudre pour les magasins, cela n'allait guère; Victor ne travaillait que par boutades, nous faisions des dettes, ces petits vinrent; notre misère croissait. Victor s'était accoutumé à moi, il n'avait plus sa tendresse des premières années, il me quittait durant des jours entiers; lorsqu'il rentrait et que je lui montrais ces enfants affamés, il gardait le silence et repartait; quand je lui reprochais ma honte, il se fâchait et me brutalisait.

Il y a eu des haut et des bas dans notre situation; Victor a quelquefois gagné de quoi nous soutenir, quelquefois il m'a reprise en affection, mais cela n'a guère duré, et à cette heure.... à cette heure nous voici arrivés au dernier degré de l'infortune; on n'entend plus ici que des querelles, que des jurements : Victor se livre à tous ses vices; moi.... mes pauvres enfants.... nous allons être perdus!

Le cœur de Mme Dubois débordait. Que de choses elle aurait eu à dire sur ces dissensions, sur ce malheur, inévitables conséquences de relations condamnées par la loi divine; que de choses sur cette lie amère, boueuse, qu'on trouve au fond de tous les plaisirs mondains; que de choses sur cette influence démoralisante du théâtre; du théâtre, qui représente la vie comme elle n'est pas, qui crée dans l'âme des désirs insensés, qui accoutume le spectateur à rire du vice au lieu d'en pleurer, à l'admirer s'il est audacieux, à le plaindre s'il est touchant; du théâtre, qui excite le besoin de tout ce qui est étrange et qui inspire le dégoût de tout ce qui est simple; que de choses à dire sur le triste chemin qu'avaient fait faire à Justine sa légèreté, son mépris du danger, son oubli de la prière! Mais il fallait aller au plus pressé.

— Ecoutez-moi, reprit Mme Dubois; Jésus est le même hier, aujourd'hui, éternellement. Vous avez souffert de vos fautes, vous en souffrirez encore, mais Il vous tend toujours les bras. Sauvez votre âme, celle de vos enfants. Vous n'avez pas deux partis à prendre : quitter Victor ou l'épouser. Tant que vous vivrez par votre libre volonté dans l'impureté, Christ ne vous recevra pas. Vous êtes à l'entrée d'une route qui mène à la dernière dégradation, et qui y mène vite. Réfléchissez, choisissez, mon enfant; que le Saint-Esprit vous éclaire, qu'Il touche le cœur de Victor.

— Oh! Madame, s'écria Justine, en joignant les

mains; s'il voulait m'épouser!... Oui, bien qu'il me batte, bien qu'il me délaisse, oui, je l'aime encore. Et puis mes enfants; et puis mon déshonneur qui serait lavé!

— Lavé? peut-être aux yeux des hommes, car les hommes ne regardent qu'au scandale extérieur; mais ce péché, Justine, ce péché comme tous les péchés vous accusera devant Dieu, jusqu'à ce que vous ayez senti le besoin de crier dans l'angoisse de votre âme : Seigneur, aie pitié de moi, je péris sans ta grâce.

Justine ne mesurait pas encore toute la grandeur de sa chute, parce qu'en nous accoutumant au péché, la corruption nous ôte l'appréciation délicate de ce qui est pur ou de ce qui ne l'est pas; cependant il lui tardait d'échapper à l'état d'infortune où elle se trouvait plongée. Ses souffrances, l'abandon de Victor, la colère de Dieu, le souvenir des émotions délicieuses qu'elle éprouvait autrefois, lorsqu'au retour du château elle s'asseyait dans sa chambrette et qu'elle lisait les paroles de son Sauveur; tout cela lui donnait l'horreur de sa vie présente, et la faisait ardemment soupirer après une amélioration quelconque.

— Faites, décidez Victor, murmura-t-elle tout

en larmes ; vous serez une seconde fois ma bienfaitrice!

— Et vous, Justine, recueillez-vous, mettez-vous en présence de votre Père céleste, humiliez-vous, cherchez la paix et la force en Christ ; racontez-Lui vos douleurs, confessez-Lui vos fautes.... Il est miséricordieux, Il est fidèle, Il vous relèvera....

CHAPITRE V.

Un pas en avant.

—

On comprendra sans peine que procurer les objets de première nécessité à la malheureuse Justine, à ses enfants, fut le premier soin de Mme Dubois.

Tout manquait dans ce ménage; le Mont-de-Piété avait successivement reçu les meubles, les hardes, jusqu'aux dernières chemises, jusqu'aux draps du lit. Les enfants, faute de place, faute d'ordre surtout, passaient la nuit dans la même couche; il n'y avait dans ce taudis que misère et que dégradation. L'oubli des grandes lois de Dieu entraînait, comme il arrive presque toujours, l'oubli des moindres devoirs : la paresse, la saleté, marchaient à la suite de la mauvaise conduite.

Tout en conservant un fond de tendresse pour l'infortunée qu'il avait perdue, Victor la méprisait, à cause de sa faute même; il se sentait libre à son égard, et se laissait aller sans retenue à tous les caprices, à toutes les infidélités, à toutes les violences d'un caractère emporté et d'une âme faible.

Justine se plongeait dans la dissipation aussi souvent qu'elle le pouvait; mais cela ne l'empêchait pas d'éprouver des remords continuels, qui doublaient pour elle les souffrances attachées à sa position, et qui, n'étant ni sanctifiés ni rendus efficaces par le sincère désir de revenir à Dieu, se tournaient en amertume et se versaient au dehors en flots de paroles irritantes.

Les enfants négligés, privés du baptême, que Justine, vivant dans le péché et voulant y demeurer, n'avait osé demander pour eux aux pasteurs de son église, spectateurs des désordres et des querelles de leurs parents, recevant du père des leçons de violence et d'ivrognerie, recevant de la mère des leçons d'insubordination et de légèreté, les enfants ne gardaient que trop fidèlement l'empreinte de tant de vices.

Le lendemain de sa première visite, Mme Dubois avait porté du pain, quelques vêtements à la malheureuse famille. Elle s'arrangea pour rencontrer

Victor deux jours après, et lui parla avec une grande force qu'accompagnait une grande charité.

Le cœur de Victor n'était pas tout à fait corrompu; il avait une mauvaise tête; il se laissait entraîner par ses compagnons de débauche, mais il n'était ni incrédule, proprement dit, ni dépourvu de sensibilité.

Le jour où Mme Dubois vint le voir se trouvait être un bon jour. Il avait travaillé dès le matin; il rapportait quelque argent; Justine, préoccupée de sa faute, de la nécessité de revenir à une vie honnête, l'avait accueilli avec une tristesse douce et affectueuse qui le touchait; enfin, Mme Dubois, de laquelle il s'attendait à recevoir d'aigres leçons, à laquelle il se promettait de répondre vertement, Mme Dubois se montrait ferme, il est vrai, mais pleine de compassion pour lui, pleine d'humilité pour elle-même.

Elle lui fit un tableau si saisissant de la dégradation où il s'enfonçait avec sa famille; elle lui peignit si vivement le déshonneur de Justine, l'ignorance, l'abandon de leurs enfants; elle lui montra si simplement le moyen de rentrer dans la bonne voie, qu'à moitié gagné il n'opposa plus que des raisons qui n'en étaient pas, de ces raisons qu'on donne pour n'avoir pas l'air de céder trop vite.

— Je ne demanderais pas mieux que d'épouser la petite mère, moi.... mais dam! faut de l'argent pour ça!...

— De l'argent!.. Dans notre communion (Victor était protestant), on marie, l'on baptise et l'on enterre sans qu'il en coûte rien; vous le savez, Monsieur Jaquemin.

— D'accord. Mais faut s'habiller proprement.... ces petits ne peuvent pas aller au baptême dans l'état où les voilà.... Et nous donc!.. oserions-nous nous présenter dans un temple, devant un pasteur, faits comme cela? Il montrait la robe grossière de Justine et son pantalon déchiré.

— Monsieur Victor, pensez-vous que notre Dieu regarde au vêtement ou au cœur?.. Croyez-vous qu'Il vous aime mieux avec un bel habit et une mauvaise conduite qu'en pauvre veste, en méchant pantalon, et dans votre âme la volonté de revenir à lui pour tout de bon?

Victor ne répondit rien, se gratta l'oreille, et reprit :

— C'est que, après cela... il en coûte pour vivre dans le mariage!

— Plus que pour vivre dans le désordre?..

— On est moins libre !..

— Libre de se conduire honnêtement, on l'est. Libre de se livrer au vice... il me semble, Monsieur Victor, qu'un homme de conscience ne l'est pas plus dans le célibat que dans le mariage. Quoi qu'il en soit, l'engagement est solennel; aussi faut-il compter avec soi-même avant de le prendre; aussi faut-il s'appuyer sur Christ, le Puissant, le Fidèle; car il s'agit de renoncer pour jamais aux mauvais plaisirs et de recommencer une nouvelle vie. Si vous ne croyez pas avoir cette force, ce désir, dites-le, Monsieur Victor; dîtes-le en homme d'honneur; Justine se séparera de vous, et nous prendrons des mesures pour que ces pauvres enfants.....

— La force, la force, interrompit Victor, ce n'est pas la force qui me manque. On verra si, quand je dis oui, c'est oui !

Mme Dubois soupira en secouant la tête.

— Vous ne me croyez pas, Madame !

— Je crois, Monsieur Jaquemin, que si vous comptez trop sur vous-même pour vous régénérer, vous retomberez après quelques efforts.

— On verra ! répéta Victor.

— Oh ! Jaquemin est ferme, quand il le veut ! s'écria Justine, qui trouvait que la franchise chrétienne de Mme Dubois arrivait là bien mal à propos.

— Et à preuve, je m'engage, parole d'honneur la plus sacrée, à épouser cette petite femme dans quinze jours ! le temps de recevoir l'autorisation de ses parents et de faire les publications, là !

— Promettez-le-moi tout simplement, dit Mme Dubois, cela n'en vaudra que mieux !.. Et moi, ajouta-t-elle en souriant, je m'engage, à mon tour, à retirer vos effets du Mont-de-Piété, afin que vous et vos enfants vous paraissiez tous d'une manière convenable dans le temple.

— Cela tient ! cria Victor, en faisant claquer ses doigts.

— De samedi en huit, vos enfants recevront le baptême ; le lundi suivant, votre union, après avoir été régularisée par M. le maire de l'arrondissement, sera consacrée et bénie par l'un de nos pasteurs. Quelles journées solennelles ! Monsieur Victor, Justine, préparez-vous-y, je vous en supplie, et demandez au Seigneur de vous faire comprendre le sérieux de l'union que vous allez former.

La triste situation de Justine avait excité tout l'intérêt de Mme de Mallens ; son mari fit promptement accomplir les formalités qui devaient précéder le mariage; les vieux parents de Justine, heureux de la savoir retrouvée, confus de l'état où elle était, donnèrent promptement leur consentement à ce qu'ils regardaient comme une réhabilitation. On décida que les enfants suivraient régulièrement l'école; que Justine travaillerait à l'ouvrage que Mme de Mallens s'efforcerait de lui procurer, et que la famille serait fréquemment visitée.

Le lundi arriva. Victor, déjà très-ému par le baptême de ses enfants, qui avait eu lieu deux jours auparavant, par l'exposé de ses devoirs de père, que lui avait fait le pasteur avec chaleur et amour; Victor se sentit profondément remué, quand, agenouillé au pied de la chaire, à côté de Justine, il entendit le ministre appeler sur leur union toutes les grâces du Seigneur. Ce fut bien du fond de son cœur qu'il promit, devant l'Eternel, protection, fidélité, amour à sa femme. Et ce fut du fond de son âme aussi, ce fut tremblante d'émotion que Justine murmura *oui* à cette solennelle question : Vous promettez d'aimer votre mari, de lui être soumise dans toutes les choses bonnes et honnêtes, et de lui garder la foi, comme c'est le devoir d'une épouse chrétienne, et comme

Dieu vous le commande dans le saint Evangile de Notre Seigneur Jésus-Christ? [1]

Lorsque le pasteur, en peu de mots mais avec l'ardeur de la conviction et de la charité, leur dévoila la sainteté du mariage, la douceur, la gravité des devoirs des époux, Victor se sentit transporté comme dans un monde nouveau. Pour Justine, ces paroles rappelaient le passé, un passé dont le souvenir serrait son cœur, en même temps qu'il lui inspirait la soif de revenir au bien. Quand, la cérémonie achevée, le ministre descendit de la chaire, une grande Bible dans les mains; lorsqu'il s'avança vers les époux, qu'il la remit à Victor en disant : « Vous la lirez chaque jour en présence de Dieu, » Victor, de grosses larmes dans les paupières, s'écria à pleine voix : Oui, monsieur le Pasteur !

Mme Dubois conduisit les époux dans la chambrette, balayée, lavée dès la veille par Justine, où les attendait un joli repas et quelques cadeaux de Mme de Mallens.

Victor ne se possédait pas de joie; il embrassait à les étouffer ses enfants, il regardait Justine : Ma femme, disait-il, ma femme ! et s'adressant à Mme Dubois : Je l'aime cent fois mieux à présent !

[1] Liturgie des églises réformées.

ah ! que cela fait de bien d'être en règle !.... me voilà brave garçon pour le reste de mes jours !

Le mariage de Victor avec Justine, leurs saintes émotions, leur intention de revenir au bien, tout cela était un pas, un grand pas fait vers le bon chemin ; mais pour entrer tout à fait dans ce bon chemin, pour n'en point sortir il fallait plus que cela, il fallait la conversion de l'âme. Et cette conversion, on n'y arrive pas sans avoir compris qu'on est pécheur, sans avoir senti qu'on est perdu, sans avoir vu qu'on ne peut se sauver soi-même, sans avoir cherché et trouvé l'unique Rédempteur.

Victor se croyait régénéré, Justine ne pleurait pas assez ses fautes; tous deux s'appuyaient plus sur leur bonne volonté, sur leur position maintenant honnête, que sur le secours de Christ ; tous deux se faisaient des illusions sur leurs forces, et voilà pourquoi Mme Dubois, tout en remerciant Dieu et en se réjouissant avec les nouveaux mariés, conservait encore de vives inquiétudes à leur égard.

Elle se sentit pressée, dans cet instant solennel, d'attirer leur attention sur le côté sérieux de leur nouvelle vie.

— Mes enfants, commença-t-elle, vous voilà heureux, déterminés à faire la volonté de Dieu;

mais croyez-moi, ne vous fiez pas uniquement à cette disposition. Que celui qui est debout prenne garde qu'il ne tombe.[1]

— Bien dit, cela ! s'écria Victor, qui dans sa joie trouvait tout bon et tout beau.

— C'est la Bible qui le dit, et c'est à la Bible que je voudrais vous conduire, Monsieur Jaquemin ; vous avez promis de la lire tous les jours.

— Promettre et tenir, pour moi « c'est un. »

— Je n'en doute pas. Cependant, cela vous sera peut-être moins aisé qu'il ne vous le semble. Le matin vous sortez de bonne heure, vous serez tenté de renvoyer au soir ; le soir vous rentrez tard, et....

— Quand on veut on peut, interrompit Victor, avec cette fermeté d'accent et de parole qu'affectent souvent les gens d'un caractère faible.

— S'il en est ainsi, mes amis, poursuivit Mme Dubois, imposez-vous à vous-mêmes la loi de ne jamais passer une journée sans avoir lu quelques versets, sans avoir prié ensemble. L'habitude une fois prise vous défendra contre la tentation de laisser là ce saint livre.

[1] 1 Corinth. X, 12.

— Le laisser là !... Madame Dubois, vous ne me connaissez pas !

— Mes chers amis, il ne s'agit point ici d'accomplir une vaine formalité ; si je vous demande de lire la Bible, c'est qu'elle nous parle du Sauveur, c'est qu'elle nous enseigne à le connaître, c'est qu'elle nous dirige au travers des difficultés de la vie. Vous verrez, mes enfants, vous verrez quelle douceur vous trouverez à vous rapprocher régulièrement de Dieu, à recueillir dans votre cœur les paroles mêmes de sa bouche. Quand vous éprouverez quelque peine, quand vous rencontrerez quelque danger, eh bien, tous deux à genoux vous confierez au Seigneur vos chagrins, vous lui demanderez de vous tenir fermes afin que vos pieds ne bronchent plus ! vous vous en aimerez mieux, vous en aurez plus de courage pour supporter les privations, et puis votre petit ménage s'en trouvera bien lui aussi. La grâce de Christ n'entre pas toute seule dans le cœur ; elle amène avec elle la bonne conduite, l'ordre, la sagesse, l'économie.

Mes amis, en plaçant votre association sous la bénédiction de Dieu, vous avez déjà donné un bon exemple à vos enfants : continuez à le leur présenter. S'ils vous voient unis dans le désir de bien faire, s'ils vous voient, laissant les vanités et le train d'autrefois, vous occuper d'eux pour le salut de leurs âmes; vous, Monsieur Jaquemin, agir toujours devant eux de manière à vous faire respecter, les accoutumer à l'obéissance, développer leur intelligence autant qu'il est en votre pouvoir; vous, Justine, les tenir propres, leur faire repasser leurs leçons quand ils reviendront de l'école, leur lire et leur expliquer la Bible, veiller à ce qu'une parfaite décence règne entre eux : alors ces chers enfants comprendront la sainteté de vos liens, et cela seul sera pour eux une grande leçon.

— Soyez tranquille, tout ira bien!

— Si Victor le veut il le fera, dit Justine qui, à mesure que le malheur s'éloignait, perdait le souvenir de leur faiblesse à tous deux.

— Avez-vous le temps de m'écouter encore? je vous proposerai....

— Proposez, proposez! rien ne me coûte maintenant.

— Eh bien, je vous proposerai donc de sanctifier le Dimanche.

— Dame! dame!... c'est que voilà qui devient plus difficile..... Mon bourgeois n'entendra pas de cette oreille-là!

— Monsieur Victor, je parierais que si vous n'observez pas le Dimanche vous célébrez le lundi?

— Et le mardi ! ajouta Justine en riant.

— Pas toujours.

— Donc, si vous travaillez six jours sur sept, reprit avec sérieux Mme Dubois, votre bourgeois n'aura rien à dire.

— Mais j'y perdrai, moi !

— Vous ?... vous voulez rire, Monsieur Jaquemin ; le travail du Dimanche se paie-t-il plus cher que celui du lundi.... ou du mardi ?

— C'est vrai, ça ; six jours de travail sur sept !

— Tu y gagnes, Victor.

— J'entends bien ; et si l'ouvrage presse ?

— Eh bien ! eh bien ! reprit Justine toute fière d'avoir répété l'argument de Mme Dubois ; si l'ouvrage presse, on se lève le Dimanche de bon matin, on travaille trois ou quatre heures, on s'habille proprement, on va au temple, et l'on a encore tout l'après-dîner pour se promener avec sa femme et ses enfants ; toute la soirée pour étudier sa Bible.

— Et l'on viole le commandement de Dieu, continua Mme Dubois, ni plus ni moins que si l'on avait travaillé durant l'entière journée ; parce que Dieu n'admet pas de *demi-obéissance*, qu'il déteste les cœurs doubles, les gens qui *clochent des deux côtés*, et qu'il dit lui-même : « Si Baal est Dieu,

» suivez-le ; » c'est-à-dire si votre avarice, si votre amour du plaisir sont vos idoles, servez-les ; « mais » si l'Eternel est Dieu, suivez-le. »[1]

— Voilà qui s'appelle raisonner, s'écria Victor, *tout ou rien*, c'est ma devise, à moi ! Prouvez-moi que Dieu veut nous faire chômer le Dimanche, et je m'y soumets.

— Prenez votre grosse Bible, Monsieur Jaquemin, ouvrez-la au vingtième chapitre de l'Exode, lisez du verset 8 au verset 11.

Victor lut à demi-voix.

— Maintenant, prenez le cinquième chapitre de saint Matthieu, les versets 17, 18 et 19.

— Oui, c'est assez clair, dit Victor, comme se parlant à lui-même.

— Un dernier mot, mes amis ; ne l'oubliez pas, Dieu nous a donné le Dimanche pour qu'il nous soit un jour *saint*. Ce jour-là, si vous m'en croyez, vous ne rechercherez pas les plaisirs bruyants ; vous irez au temple entendre l'explication de la Parole de Dieu, et vous éclairer dans la compagnie de vos frères ; vous vous occuperez de ces enfants que votre travail, que leurs leçons à l'école, auront séparés de vous durant la semaine ; vous

[1] 1 Rois XVIII, 21.

vous promènerez avec eux; en été, vous irez à la campagne; en hiver, que les soirées sont longues, vous lirez ensemble les ouvrages intéressants que renferment nos bibliothèques protestantes; et vous terminerez la journée en méditant un beau chapitre de la Bible, en priant tous ensemble. Cela vaudra mieux que de rester seule, n'est-ce pas, Justine? que d'aller jouer et boire aux barrières, n'est-ce pas, Monsieur Victor? que de passer quatre ou cinq heures dans une salle de spectacle enfumée, ou dans quelque lieu de dissipation d'où l'on revient dégoûté de son ouvrage, mécontent de sa condition, plus disposé à se chercher querelle qu'à s'aimer et qu'à s'entr'aider!

— Me voilà gagné, s'écria Victor, c'est fini.

Tout cela était bien beau, trop beau pour donner de solides espérances à Mme Dubois, qui s'en alla plus attristée du facile assentiment qu'accordait Victor à ses conseils, qu'elle ne l'aurait été de la contradiction modérée d'un esprit sérieux et ferme.

CHAPITRE VI.

Le sarment émondé.

—

Peu de jours après le mariage de Justine, Mme Dubois reçut de Louise Latour la lettre que voici.

« Madame,

» J'ai besoin de vous écrire pour vous raconter les grâces que Dieu m'a faites, pour vous dire aussi le chagrin qu'Il a trouvé bon de m'envoyer.

» Il nous a retiré notre Benjamin, notre petit Paul.

» Chère Madame, cette jolie tête blonde, ce beau visage, cet enfant bien-aimé, tout cela est couché dans un cercueil ; mais son âme précieuse habite vers le Sauveur. Il nous le rendra bientôt.

» Chère Madame, nous savions Antoine et moi que nous aurions des afflictions dans ce monde; nous sentions la nécessité de nous y préparer d'avance. Que de fois nous avons causé ensemble de la séparation. Nous cherchions à remettre au Seigneur la vie de nos chers petits, et ces sujets d'entretien, que d'autres trouveraient bien tristes, dont il semble inutile de s'occuper quand on est heureux, avaient un grand intérêt pour nous. Ils nous apprenaient toute l'étendue de notre faiblesse, ils nous montraient l'idolâtrie qui se glisse dans nos affections, ils nous portaient à demander plus ardemment les secours du Saint-Esprit; et puis ils nous faisaient sentir le prix des biens que Dieu nous prête. Lorsque j'étais chagrine, lorsque l'arrangement de ma vie me déplaisait, quand je regrettais une certaine indépendance, quand je souffrais de certaines privations.... la pensée que tout ce que je possédais pouvait m'être redemandé d'un moment à l'autre, me faisait vite repentir de mon ingratitude.

» Malgré cette préparation, l'arrivée de l'épreuve m'a étonnée, m'a presque scandalisée. Que serais-je devenue si j'avais marché à sa rencontre avec ma légèreté naturelle, avec ma folle confiance en moi!

» Notre Paul est tombé malade il y a quatre semaines. Antoine avait appelé le médecin dès le premier instant. Nous l'avons prié de nous dire la vérité; il a regardé Antoine, puis moi, et comme il nous voyait calmes il nous a déclaré que l'enfant, selon toute probabilité, était frappé à mort.

» Je me croyais forte, chère Madame, je me croyais pleine de foi; ce mot a déchiré comme un voile devant mes yeux, mon cœur s'est serré.... il s'est révolté.

» Après le départ du médecin, Antoine s'est mis à genoux auprès du petit lit de mon enfant; moi je ne le pouvais pas, je me sentais en guerre avec Dieu : Dieu voulait mon trésor.... je ne voulais pas le lui rendre. Antoine a prié haut, prié pour l'enfant, prié pour moi; mais toutes les fois qu'il disait : *ta volonté soit faite*, je murmurais *non, non.* Il me semblait mauvais père. Chère Madame, Dieu ne m'a pas foudroyée dans ma rebellion; Dieu m'a regardée avec amour. Le soir, Paul semblait un peu mieux, ses yeux s'étaient ranimés, il avait dormi une demi-heure. Le médecin disait : Peut-être me suis-je trompé.... peut-être n'est-ce qu'une crise nerveuse. Alors, oh! alors, chère Madame, tout a changé; les compassions de l'Eternel ont pénétré mon âme, comme une pluie chaude et fine pénètre la terre et l'amollit; j'ai senti la main de Dieu qui me conduisait par ses sentiers. Il y avait des moments où je tremblais, où je ne pouvais avancer, mais cette main était toujours là, ferme, secourable; elle m'attirait doucement, et je marchais, je marchais sans murmurer vers la séparation.

» Antoine soignait notre enfant, le cœur navré, mais toujours paisible, toujours soumis. Nous disions ensemble : « Seigneur, avec l'épreuve, donne-nous la force... donne-nous surtout de confesser ton nom jusqu'à la fin... que par notre lâcheté, nous ne fassions pas de tort à ton Evangile! » et le Seigneur nous a exaucés.

» Ma belle-mère, dont Paul était aussi l'idole, s'abandonnait à un désespoir violent. Quand nous nous efforcions de l'apaiser, de lui montrer Christ, sauveur de notre enfant, se tenant près de lui, près de nous, près d'elle, elle nous accusait de ne pas aimer notre fils. Les fruits de l'idolâtrie sont les mêmes dans tous les cœurs. Eh bien! la douceur d'Antoine envers elle, la sollicitude résignée qu'il a montrée pour son enfant, le courage que Dieu m'a donné dans sa miséricorde, tout cela a frappé ma belle-mère. Mais le Seigneur s'est servi de notre Paul pour lui adresser une invitation plus pressante. Toutes les fois que nous nous approchions de lui : « Fais la prière, » disait-il de sa faible voix; et lorsque son père et moi, tour à tour, nous demandions au bon Jésus de le bénir, lorsqu'Antoine disait : « Mon Dieu, reçois le petit Paul dans tes belles demeures!», le visage pâle de notre enfant s'éclairait de joie; il souriait, il murmurait: « J'aime Jésus. » Alors ma belle-mère pleurait; mais ses larmes n'étaient plus des larmes de révolte.

» Enfin, le dernier jour est arrivé..... Antoine m'a dit : « Louise, il faut le rendre! » Je n'ai pu répondre, mais je ne me défendais plus contre la volonté de Dieu.

» L'agonie était douce. Nous restions agenouillés. On voyait les progrès de la mort, on voyait clairement aussi les progrès de la vie éternelle, qui répandait sur cette chère figure toute sa paix, toute sa gloire. Son dernier mot a été un appel : « Tu t'en vas! tu t'en vas! » s'est écriée ma belle-mère. « Grand'mère... tu viendras aussi... au ciel... » et il n'a plus parlé.

» Oh! chère Madame, le moment du départ est terrible. Il semble que quelque chose se détache dans le cœur. J'ai embrassé ma belle-mère qui poussait des cris; il me semblait que mon enfant me l'avait léguée, que je prenais envers elle et devant le Seigneur un nouvel engagement, que je l'aimais d'une tout autre affection. Antoine nous a lu ces paroles de triomphe : « Christ a » détruit la mort. »[1] « Où est, ô mort, ton aiguil- » lon ! Où est, ô sépulcre, ta victoire ! »[2] Nous avons pu de plein cœur, quoique navrés, dire à l'Eternel : « Tu l'avais donné, tu l'as ôté, que ton » saint nom soit béni ! »[3]

» Oui, que le saint nom de Dieu soit béni ! Il garde un de nos trésors, et maintenant ni la rouille ni les vers ne le peuvent atteindre ;[4] dans ce petit corps rendu à la poussière, il y a un germe d'immortalité que le Seigneur saura bien retrouver dans sa grande journée.[5]

» Quel don du Seigneur qu'un mari pieux ! Après Dieu, Antoine est ma force ; c'est lui qui, sans me froisser, par ses prières, par ses courtes et fréquentes lectures de la Bible, m'a tout doucement amenée à la soumission. Je le retrouvais toujours ferme, plein de confiance, plein d'espoir, plein de compassion pour sa pauvre compagne, si faible dans la foi. Jamais nous n'avons prié ensemble avec tant d'ardeur, avec tant d'union. Depuis la mort

[1] 2 Timoth. I, 10. — [2] 1 Corinth. XV, 55. — [3] Job I, 21.— [4] Saint Matth. VI, 20. — [5] 1 Corinth. XV, 35 à la fin.

de notre enfant, je respecte, j'aime Antoine davantage, mais d'une façon plus sérieuse.

» Quelques différences se sont, à la vérité, manifestées dans notre manière de sentir. Antoine parle peu de sa douleur, peu de son enfant, il renferme en lui ses émotions; moi j'éprouve le désir de m'entretenir sans cesse de mon Paul ; j'ai sous les yeux ses jouets, ses vêtements, son petit abécédaire : ces objets me font pleurer ; mais j'ai besoin de pleurer ainsi.

» Un moment, cette différence a serré mon cœur ; j'ai été sur le point de m'en froisser. Grâce à Dieu, j'ai reconnu ma folie. Il y a ici encore une bonne dispensation du Seigneur ; ma belle-mère recherche comme moi tous les souvenirs qui lui rappellent Paul ; nous parlons ensemble de notre trésor ; je puis faire entrer dans son cœur quelques consolations chrétiennes ; elle a prié une fois avec moi. Voyez, chère Madame, voyez que de bénédictions !

» Oh ! oui, c'est une chose certaine ! Dieu nous châtie dans son amour ; il soumet à sa discipline tout enfant qu'Il avoue, [1] et sa discipline est bonne.

» Nous souffrons, mais notre douleur n'est que

[1] Hébreux XII, 6.

pour un temps. Nous ne voyons plus notre petit Paul courir autour de nous, mais, par la foi, nous le contemplons dans le sein du Seigneur, retiré de la corruption du monde, heureux aux siècles des siècles. Nous goûtons les fruits de l'épreuve ; l'écorce en est amère, l'intérieur, fortifiant et doux. Si j'ai touché du doigt mon incrédulité, j'ai rencontré la fidélité de Dieu.

« *La fidélité de Dieu!* c'est là maintenant ma force, mon espérance, tout le sujet de ma joie.

« *Il est fidèle!* Ce sont les paroles que nous répétons le soir avec mon bien-aimé mari, lorsque la douleur nous saisit fortement. *Il est fidèle!*

« Ma chère Madame, je crains d'avoir abusé de vos moments. Mais non, je sais que vous nous aimez. Si vous n'en avez pas le temps, ne m'écrivez pas. Priez pour nous, ce sera une bonne réponse à ma lettre. Adieu. Que le Seigneur soit avec vous.

P. S.

« Malgré la légèreté naturelle à leur âge, mes petites filles sont touchées de la mort de leur frère. Je les entends quelquefois qui parlent de lui et qui répètent ses paroles. Depuis que ce cher enfant est remonté vers son Sauveur, elles trouvent plus de plaisir à prier avec nous; il leur semble qu'elles se rapprochent de Paul. Il y a progrès dans leur docilité aussi : l'épreuve renfermait des grâces pour tous. »

Après la lecture de cette lettre, des larmes remplirent les yeux de Mme Dubois, et involontairement elle murmura cette parole du Sauveur : « Je » suis le vrai cep, et mon père est le vigneron. Il » retranche tout le sarment qui ne porte point de » fruit en moi, et il émonde tout celui qui porte » du fruit, afin qu'il porte plus de fruit. »[1]

[1] Evangile selon saint Jean XV, 1, 2.

CHAPITRE VII.

La plaie sondée.

—

Six mois s'écoulèrent, et les craintes qu'avait conçues Mme Dubois, au sujet de Victor et de sa femme, se réalisèrent entièrement.

La bonne impulsion reçue fit sentir sa puissance pendant trois ou quatre semaines aux deux époux. Ils lurent la Parole de Dieu, ils travaillèrent, ils envoyèrent régulièrement leurs enfants à l'école ; et puis un soir que Victor rentra tard, il se trouva si fatigué qu'il se coucha sans ouvrir la Bible et sans prier. Dès lors on apporta moins d'exactitude à célébrer le petit culte de famille, et l'habitude s'en perdit par degrés. Un autre jour, M. Jaquemin rencontra quelques anciens camarades qui lui proposèrent de boire un canon d'eau-de-vie ; il céda, passa la journée dans le désordre, revint excité, fut mal accueilli, recommença le lendemain pour punir Justine, et bientôt se dérangea tout à fait.

Justine, de son côté, retournait à la vanité et à la paresse; les enfants, peu ou point surveillés, ne suivaient plus l'école que de loin en loin : ils étaient redevenus sales, vagabonds, indisciplinés. La misère avait fait sa rentrée dans le ménage avec les mauvaises passions; la rechute était complète.

M. et Mme Jaquemin qui, dans les premiers jours de leur union soupiraient après les visites de Mme Dubois, parce qu'ils se sentaient soutenus par elle et qu'ils aimaient à lui raconter leurs difficultés, ne la voyaient plus revenir qu'avec ennui. A mesure que l'ancien train de vie avait repris le dessus, ces courts entretiens leur étaient devenus à charge. Victor, qui autrefois avait toujours quelque argument à l'appui des principes de Mme Dubois, restait muet ou prononçait à grand' peine un *oui*, un *sans doute* gênés. Justine cherchait à détourner la conversation des sujets sérieux sur lesquels Mme Dubois la ramenait sans cesse, et bientôt tous deux en vinrent à ne supporter leur amie qu'en raison des secours matériels qu'elle leur remettait.

Mme Dubois devinait ce qu'on ne lui disait pas et suivait avec tristesse les progrès évidents du mal. La bonne semence de Dieu était tombée chez Victor sur un de ces terrains pierreux où le grain lève vite, mais où il sèche, brûlé par le soleil, parce qu'il n'a point de racines.[1] Quant à Justine, elle avait besoin d'une plus forte secousse peut-être pour sentir son péché, et pour désirer avec ardeur « de naître de nouveau.[2] » La plaie de ces cœurs n'était pas encore sondée.

« Le mariage est honorable entre tous, » dit l'Ecriture. Oui, le mariage que la crainte de Dieu cimente, l'union qui s'appuie sur le rocher des siècles ; mais dans l'association de M. et Mme Jaquemin, la pensée de l'Eternel qui, un instant, avait semblé régner, s'était vite amoindrie. Nous l'avons dit, les feuillets de la Bible restaient collés les uns aux autres, on ne priait plus, on ne cherchait plus la volonté de Jésus. Sauf quelques souvenirs qu'on n'aimait pas à rappeler parce qu'ils ressemblaient à un reproche : la bénédiction du pasteur, les engagements pris à la face du Tout-Puissant, l'exhortation adressée du haut de la chaire chrétienne; sauf ces quelques souvenirs, il n'y avait rien

[1] Evangile saint Matthieu XIII, 5. — [2] Evangile saint Jean III, 3.

de changé pour Justine et pour Victor dans l'union qui les rapprochait. C'étaient les mêmes alternatives de paix et de désordre, de bon accord et de querelles, avec une dissipation, une pauvreté, une dégradation qui allaient croissant.

Si Justine voulait s'étayer de son titre d'épouse pour réprimer la violence de son mari, que les excès rendaient de plus en plus grossier, Victor lui rappelait son précédent abaissement, et la traitait avec un dédain qui irritait peut-être plus son orgueil qu'il ne blessait son cœur.

Qu'avait-elle fait pour remonter de la place indigne qu'elle occupait jadis auprès de Victor, à la place honorée, à la sainte place d'épouse? Quelle différence un homme qui ne jugeait de la valeur des principes que par leurs fruits, pouvait-il établir entre la femme qui se livrait à toutes ses passions en dehors de l'union conjugale, et la femme qui se livrait à toutes ses passions au-dedans? Point de respect chez l'un, rien de ce qui l'inspire chez l'autre, chez tous deux la domination du péché; telle était leur situation morale.

Dès le matin, Victor, qui n'aimait pas son intérieur, parce que tout y était mal en ordre, que les enfants criaient et se battaient, que sa femme le querellait, qu'on n'y avait aucune attention pour lui, aucune soumission à sa volonté ; dès le matin Victor quittait la maison pour aller chez le marchand de vin, *se réchauffer*, comme il s'exprimait, c'est-à-dire se brûler le sang et s'abrutir en buvant de l'eau-de-vie. Parfois il se rendait à son atelier, et là de mauvaises conversations entretenaient chez lui cette familiarité avec le vice qui gangrène l'âme jusqu'au fond. Plus souvent ses camarades lui proposaient une partie de plaisir; alors on ne paraissait pas même à l'atelier, ou bien on quittait le travail à la demi-journée, on visitait les cabarets, les bals, les spectacles de la barrière dans la société de femmes corrompues, et la soirée se terminait souvent par d'horribles rixes, conséquences de l'ivresse et de la débauche. Les maîtres ennuyés chassaient l'ouvrier fainéant; une semaine se passait à chômer. L'habitude de rester oisif, on l'avait; mais celle de ne pas manger, de ne pas boire, de ne pas se divertir, on ne voulait pas la prendre; et non-seulement le peu d'argent gagné par le moyen du travail s'en allait en folles dépenses, mais on faisait des dettes et l'on portait meubles, linge, hardes au Mont-de-Piété.

Quand après un jour, deux jours passés hors de chez lui, Victor rentrait, dégoûté de tout, se disposant d'avance à tenir tête à sa femme, il trouvai

Justine exaspérée; on comprend quelles scènes s'ensuivaient.

Avec de l'amour pour Dieu, la douceur et l'ordre seraient rentrés dans le ménage, Justine aurait exercé une salutaire influence sur son mari; car au fond il l'aimait, il avait la conscience de sa faiblesse, il sentait le besoin d'un appui. Sans doute, aussi longtemps que le péché ne serait pas apparu dans toute sa laideur à Victor, aussi longtemps que l'affection du Sauveur pour sa pauvre âme souillée ne l'aurait pas pénétré de gratitude, il aurait manqué de persévérance; dans le cas même d'une conversion, il aurait encore fait bien des chutes; mais il aurait eu sous les yeux l'exemple journalier des œuvres que crée la foi chrétienne, des changements miraculeux qu'elle opère dans un cœur; et si une telle vue ne l'avait pas excité à chercher la vérité pour lui-même, du moins elle l'aurait empêché de tomber aussi bas.

Justine, hélas! ne lui offrait que le spectacle d'une nature asservie par le péché, par ce péché qui le tenait en esclavage. Elle éclatait, il est vrai, en reproches amers lorsque Victor l'abandonnait pendant des journées entières, lorsqu'il dépensait en mauvais plaisirs un argent péniblement gagné, lorsqu'il gâtait, lorsqu'il brusquait ses enfants; mais elle-même, tantôt les grondait hors de propos, tantôt leur passait des fautes grossières ; elle-même employait à s'acheter des rubans, des bonnets, des bijoux faux, les quelques sous nécessaires au dîner du lendemain ; elle-même quittait la maison à tout propos et recherchait avec avidité les occasions de se divertir de son côté. Au lieu d'adresser à Victor des observations calmes et sérieuses, elle se livrait à l'emportement ; au lieu de taire les torts de celui-ci, elle les contait à qui voulait l'entendre, et la compassion, les conseils d'amies le plus souvent étourdies, quand elles n'étaient pas corrompues ou méchantes, envenimaient le mal en irritant ses passions.

De telles confidences, qui ne conviennent jamais, parce qu'elles nous font manquer au respect que nous devons à un mari, et qu'elles introduisent des indifférents dans notre intérieur ; de telles confidences ne servent qu'à nourrir la curiosité, le bavardage de celles qui les reçoivent ; qu'à entretenir les griefs, qu'à irriter les blessures de celles qui les font. Le confident de la femme mariée doit être Dieu, Dieu qui écoute toujours, qui fait toujours la guerre au péché, qui envoie toujours la paix à l'âme.

Mme Dubois sentait si bien cette vérité, qu'elle ne se mêlait des affaires intimes d'un ménage que lorsqu'elle savait pouvoir seule y apporter la connaissance de l'Evangile; et encore, ne le faisait-elle qu'avec une sorte de crainte.

Il y avait des moments où Victor éprouvait de l'horreur pour le genre de vie qu'il menait, où son attachement pour Justine se réveillait tout entier, où il revenait à elle doux, repentant, cherchant à entrer dans une voie meilleure; alors Justine, inspirée par le démon de l'orgueil, de la vengeance, au lieu de penser à ses propres fautes, au lieu d'oublier celles de Victor, au lieu de regarder à Dieu, Justine n'avait qu'une pensée : faire payer cher à son mari le chagrin qu'il lui causait. Les mots acerbes, les manières froides, les façons indépendantes, elle mettait tout en œuvre pour le fâcher.

Victor témoignait-il dès le matin le désir de prendre ses repas en famille, Justine s'arrangeait pour dîner ou pour souper avant le retour de M. Jacquemin qui trouvait le poêle froid, la lumière éteinte, sa femme endormie, ou feignant de l'être. Si le Dimanche, il annonçait l'intention de passer la journée auprès de sa femme et de ses enfants.

— Désolée, disait Justine, depuis trois semaines je me suis engagée à faire une partie de plaisir.

— J'irai avec toi.

— Non, tu as tes camarades, moi j'ai mes amies; chacun de son côté, tu l'as voulu.

Après quelques efforts tentés pour se rapprocher de sa femme, Victor, piqué au vif, retournait à ses habitudes ; Justine, satisfaite de s'être vengée, mais irritée de ce que Victor s'arrangeait si vite de ses refus, cherchait à se rendre de plus en plus indifférente, à se séparer de plus en plus de son mari, et tous deux se perdaient.

Si l'on eût contraint Justine à voir son âme telle qu'elle était, poussant un cri d'effroi, elle se fût jetée aux pieds de Christ, elle eût murmuré de ses lèvres tremblantes : « Sauve-nous, Seigneur, » sauve-nous, nous périssons. »[1] Mais le diable, qui est habile, éteignait dans son cœur le très-rare, le très-faible désir de s'examiner, que le Seigneur y ranimait quelquefois ; il lui rendait la pente si douce, que pas une secousse ne venait l'avertir de la rapidité avec laquelle elle roulait vers l'abîme.

Cette secousse, Dieu permit dans sa bonté qu'elle lui fût donnée.

Justine était malheureuse ; malheureuse par les désordres de son mari, malheureuse par leur séparation qui allait croissant, malheureuse par les vices de ses enfants qui se développaient d'une

[1] Saint Matthieu VIII, 25.

manière effrayante, malheureuse par les privations que cette vie de péché leur imposait à tous; malheureuse par les humiliantes importunités au moyen desquelles elle obtenait quelques secours des riches; malheureuse par ses défauts, malheureuse par ses plaisirs, malheureuse par sa conscience, dont les cris se faisaient de temps à autre entendre; malheureuse par l'impossibilité où elle se voyait de prier d'un cœur droit, de chercher son Dieu avec la sincère envie de le trouver.

Cette détresse d'âme, ce trouble intérieur, ce secret dégoût d'elle-même, qui eussent dû l'amener aux pieds du seul consolateur, la poussaient au contraire vers le monde.

Le théâtre, l'habitude de la dissipation avaient créé en elle le besoin des émotions vives; ce besoin lui faisait trouver ennuyeuse, maussade, l'existence d'une honnête ouvrière; il provoquait ces réponses irritantes, ces impétueux mouvements auxquels le ménage devait ses scènes les plus violentes; ce besoin entraînait Justine hors de chez elle; ce besoin l'attachait à la compagnie de femmes légères, d'hommes hardis; ce besoin la portait à souffrir des attentions, des poursuites, dont la seule pensée l'eût faite rougir jadis.

Un ami de son mari, homme dont les antécédents étaient louches, mais dont les manières avaient un certain vernis, s'était, par degrés, introduit dans son intimité; il avait profité de la faiblesse de Victor, pour prendre sur lui de l'ascendant; il profitait de la jalousie, du désordre intérieur de Justine, pour lui exprimer une admiration dont l'orgueil de celle-ci se repaissait avec délices.

La coquetterie, l'esprit de vengeance l'avaient fait écouter. Justine riait de ses paroles passionnées, elle en riait et les souffrait; bientôt elle les attendit avec une sorte d'impatience, puis elle les provoqua. Parfois une voix intérieure lui criait : arrête! mais cette voix, elle l'étouffait; elle l'étouffait, tantôt en travaillant avec ardeur, en remplissant quelques devoirs envers son mari ou ses enfants, essayant ainsi de donner le change à sa conscience; tantôt en se plongeant plus avant dans l'enivrement des faux plaisirs, et en courant au devant du danger.

Mme Dubois, qui suivait Justine d'assez près, comptait avec effroi les progrès de la corruption dans ce désastreux ménage. Victor ne se laissait pas rencontrer; Justine devenait de jour en jour plus contrainte et plus froide.

La gouvernante résolut de tenter un dernier effort pour sauver sa malheureuse protégée. Elle se rendit chez elle, déterminée à provoquer une explication, à mettre ce cœur au plein jour.

Au moment où elle entra, Justine seule, exaspérée par quelques mauvais procédés de son mari, plus troublée encore par le poison du péché qu'elle gardait dans son cœur, s'écria hors d'elle-même :

— Mme Dubois, vous voilà ! je désirais votre visite : vous avez fait mon mariage... eh bien ! venez le voir défaire... je quitte Victor, c'est décidé. Mes enfants sont sans pain, je me dois à eux. Cet homme ira où il voudra, fera ce qui lui plaira ; moi, je reprends ma liberté.

Mme Dubois, muette de douleur, regarda Justine.

— C'est fini ! reprit-elle avec agitation, et en détournant les yeux, cet homme est un libertin ! il causera la perte de ses enfants, il faut une séparation, il en faut une ! Dieu merci, les preuves de sa méchanceté ne manquent pas !

— Dieu ! répéta Mme Dubois.

— Oh ! je sais ce que vous allez me dire ; j'ai tort, c'est possible, mais c'est plus fort que moi.

Mme Dubois ne se sentait pas la liberté de discuter avec Justine, les paroles humaines seraient tombées comme de l'huile sur un brasier; elle se contenta de prononcer lentement ces mots de saint Paul : « Quant à ceux qui sont mariés, je » leur commande, non pas moi, MAIS LE SEI- » GNEUR, que la femme ne se sépare point du mari. »[1]

— Je sais tout cela, je sais tout cela! interrompit Justine de plus en plus agitée. Mais il est trop tard... il faut aller jusqu'au bout.

— Jusqu'au bout de la rébellion, jusqu'au bout du vice ! s'écria Mme Dubois avec fermeté.

— Cet homme s'enfonce dans la corruption !

— Il s'y plongera moins, quand vous l'aurez abandonné?

— Il me faut de la paix.

— Vous en aurez... en faisant la guerre à Dieu?

— Mes enfants!..

— Vos enfants! Ah! Justine, osez-vous bien prononcer ce mot! Vos enfants! au moment où vous cherchez à détruire en eux un des sentiments les plus sacrés : le respect, l'amour filial ! Vos enfants!.. c'est une hypocrisie, Justine, la mauvaise

[1] Première épître aux Corinth. VII, 10.

épouse, ne sera jamais qu'une mauvaise mère !

— Mais ma liberté...

— Oui, votre liberté, la liberté de votre méchanceté, voilà ce que vous voulez... ceci est vrai !

En ce moment, un homme à figure barbue poussa la porte, entra brusquement, et, sans voir Mme Dubois, cachée dans l'ombre, jeta sur la table un volume de roman, en adressant à Justine quelques mots dont l'étrange familiarité fut un trait de lumière pour la gouvernante. Justine ne put retenir un cri, elle pâlit, montra Mme Dubois au nouveau-venu, et, se tournant vers celle-ci, balbutia...

— C'est un ami de Victor...

— La Bible ouverte, la figure sévère de Mme Dubois, l'effroi de Justine, firent vaguement comprendre à Prosper Leblanc que sa visite était inopportune; il pirouetta sur ses talons, s'embarrassa dans une explication menteuse; puis, comme personne ne lui répondait, que Justine semblait plus morte que vive, que Mme Dubois restait sérieuse, il salua, chargea Justine d'une commission insignifiante pour son mari, et s'en fut.

Après un silence solennel, pendant lequel Mme Dubois pria Dieu de lui prêter assistance, pendant lequel Justine, bouleversée, voyait pour la première fois son péché tout entier sortir de l'obscurité où l'avait maintenu sa mauvaise conscience :

— Je comprends, dit Mme Dubois, d'une voix calme, mais profondément altérée, je comprends pourquoi vous voulez vous séparer de votre mari.

Ces mots pénétrèrent comme une épée à deux tranchants dans le cœur de Justine.

— Prenez pitié de moi ! cria-t-elle avec un accent déchirant, et elle tomba sur ses genoux.

Mme Dubois lui tendit les mains et la releva. Dès que les pleurs lui laissèrent la possibilité de parler.

— Oui, dit-elle, je suis une misérable... j'ai négligé tous mes devoirs... c'est moi qui ai perdu Victor... Voici quatre mois que je ne prie plus, que je ne lis plus la Bible... Prenez pitié de moi.

— Mon enfant, c'est à Dieu qu'il faut aller ; à Dieu qui vous cherche depuis longtemps ; à Dieu qui ne veut pas votre condamnation, mais votre salut... votre salut éternel, mon enfant. Humiliez-vous devant Lui, oui humiliez-vous beaucoup.

— Je ne sais où me cacher loin de sa face, s'écria Justine avec un redoublement de douleur.

— Loin de sa face !... Si vous le fuyez, mon enfant, comment vous dira-t-il : « Je ne te condamne » pas non plus... Va, et ne pèche plus. »[1] Ah !

[1] Evang. saint Jean VIII, 11.

vous ne savez donc pas encore, ma fille, que nous ne pouvons rien apporter à Christ en échange du don de la vie éternelle! Il vous a abandonnée à vous-même pour vous apprendre jusqu'où va votre corruption... pour vous apprendre aussi, oui, je l'espère, jusqu'où vont ses miséricordes. Son amour, Justine, son amour dépasse notre péché de partout.

Mais Justine n'avait pas la force de recevoir cette bonne nouvelle, tant de fois annoncée, jamais acceptée. Elle était plongée dans le désespoir que lui causait son abaissement; ses joues se couvraient de rougeur; ce Sauveur si tendre, dont lui parlait Mme Dubois, elle en avait peur; elle eût voulu pouvoir crier aux montagnes : « Tombez » sur moi! »[1] A la fin, une espèce de stupeur remplaça son agitation; Mme Dubois pria à voix haute; Justine accablée joignit les mains. Mme Dubois appela toutes les compassions du Père sur cette pauvre brebis égarée; elle le remercia d'avoir permis qu'un fort ébranlement vînt secouer Justine; elle le supplia, quand Il l'aurait assez abattue sous sa colère, de lui envoyer la foi complète en celui qui a dit : « Quiconque croit en moi

[1] Saint Luc XXIII, 30.

» à la vie éternelle. »[1] Elle remit à Jésus cette âme éperdue, et Justine se sentit un peu soulagée.

Lorsqu'elle se releva, cette grande, cette première question de l'âme réveillée sortit de sa bouche :

— Que faut-il que je fasse?..

— Prier, mon enfant, méditer sur la Parole de Dieu, vous attacher des deux mains à ce rocher inébranlable; et puis, agir avec droiture, avouer votre faute à Victor.

— A Victor!

— A Victor. Mon enfant, vous voici à l'entrée d'une nouvelle vie, vie chrétienne, où la vérité doit circuler partout : un mensonge, un point louche, c'est une forteresse laissée au démon; il en profiterait. Votre existence, vos habitudes vont changer; il faut que Victor comprenne pourquoi; il faut qu'il connaisse vos luttes, la victoire que Dieu vient de remporter; il faut qu'il apprenne de quels secours vous avez besoin; d'ailleurs, dans cet appel que le Seigneur vous adresse, n'y a-t-il rien pour votre mari? Etes-vous en droit

[1] Saint Jean VI, 47.

de retenir sa part du message. Songez, Justine, que vous ne devez plus revoir cet homme; que Victor doit vous protéger contre lui... contre vous.

— O mon Dieu! comment pourrai-je!.. s'écria Justine tremblante. Victor me méprisera!

— Ecoutez-moi, mon enfant; il ne s'agit pas d'une confession détaillée, cela serait inutile, cela serait mauvais; il s'agit d'un humble aveu, il s'agit d'appeler à votre aide celui qui est le gardien de votre honneur. *Vous ne pouvez pas*, non Justine, vous ne pourriez pas, si Dieu ne se tenait près de vous, s'il ne vous prêtait sa force. *Votre mari vous méprisera!..* Peut-être; n'en aurait-il pas le droit? S'il le fait, vous accepterez cette humiliation, vous la porterez comme une croix sous l'œil du Sauveur; lui aussi, on l'a méprisé, et Il ne le méritait pas. La lumière, Justine, la lumière avant tout!

Et puis, vous le verrez, mon enfant, il y a dans l'épreuve, il y a dans les châtiments même de l'Eternel, une secrète douceur pour l'âme qui s'y abandonne. La main de Dieu ne s'appesantit point sur l'enfant qu'Il veut ramener, sans que d'abondantes grâces n'en découlent aussitôt.

— Eh bien oui! dit tout-à-coup Justine avec énergie; oui, je passerai par où Dieu le veut; cela me sera bon, je le sens. Je dirai tout à Victor; il me verra telle que je suis... n'importe; rejetée ou sauvée, je veux me donner à Christ.

— Oh! mon enfant, que le Seigneur vous fortifie!

Mme Dubois quitta la chambre, et Justine resta assise vers sa Bible ouverte, tantôt lisant, tantôt priant, souvent interrompue par ses larmes, fréquemment navrée de tristesse quand elle rencontrait des passages semblables à ceux-ci: « Ne savez- » vous pas que les injustes n'hériteront point le » royaume des cieux. »[1] « Quiconque regarde une » femme pour la convoiter, il a déjà commis dans » son cœur un adultère avec elle. »[2] Plus souvent émue d'une reconnaissance infinie, quand elle trouvait des promesses pareilles à celles-ci: « Moi- » même, je paîtrai mes brebis, et les ferai repo- » ser, dit le Seigneur l'Eternel. Je rechercherai » celle qui sera perdue, et je ramènerai celle qui » sera chassée; je banderai la plaie de celle qui » aura la jambe rompue, et je fortifierai celle qui » sera malade. »[3] « Venez maintenant, dit l'Eter- » nel, et débattons nos droits; quand vos péchés

[1] 1 Corinth. VI, 9. —[2] Saint Matth. V, 28. — [3] Ezéchiel XXXIV, 15, 16.

» seraient comme le cramoisi, ils seront blanchis
» comme la neige; et quand ils seraient rouges
» comme le vermillon, ils seront blanchis comme
» la laine. »[1]

[1] Esaïe I, 18.

CHAPITRE VIII.

La fausse route.

—

Retournons à Clémence Giraud. Pendant le temps qui vient de s'écouler, elle avait fait d'incroyables efforts pour triompher des difficultés de sa position, pour sortir de la mort spirituelle où elle était plongée, pour exercer une influence nouvelle et chrétienne (elle le croyait du moins) sur les personnes dont elle était entourée. A peine Mme Dubois l'avait-elle quittée, que Clémence, en rentrant dans sa chambre, avait répété sa promesse : « Oui ! je lirai ma Bible, je prierai ! »

Malheureusement, ce n'était pas avec un cœur pénétré du sentiment de son impuissance, ce n'était pas avec le regard fixé sur celui qui est le *chef et le consommateur de notre foi*, que Clémence avait renouvelé cet engagement. Son orgueil, froissé mais non vaincu, s'était emparé de cette bonne pensée d'une régénération absolue, et, sous ce masque, il régnait plus despotiquement que jamais.

Clémence avait pris la fausse route de l'observation rigoureuse des dehors de la loi, la fausse route du salut acheté par les œuvres, et elle n'y rencontrait que des souffrances. Elle lisait régulièrement sa Bible, mais elle n'y venait pas chercher une vue plus claire de son péché et de la gratuité de Jésus; non, elle pensait, en parcourant un ou deux chapitres, faire un acte méritoire, se mettre en quelque sorte en règle avec Dieu. Elle passait rapidement sur les versets qui parlent de l'impossibilité où nous sommes de faire le bien; elle voulait marcher, agir seule; elle prétendait soulever par sa propre force le fardeau de ses péchés, et le fardeau, qui retombait de tout son poids, l'écrasait.

Clémence priait; mais il en allait de la prière comme de la lecture des livres saints. Le plus souvent elle disait, ainsi que le Pharisien : « O Dieu ! » je te rends grâces de ce que je ne suis point

» comme le reste des hommes. »[1] Si elle demandait au Seigneur son secours, elle le demandait comme on demande un service dont, à la rigueur, on pourrait se passer; elle ne criait pas à lui comme on crie quand on se sent périr. Puis, il arrivait qu'accablée par l'inutilité de ses efforts, elle murmurait machinalement une vague confession de ses fautes, et prenait des résolutions plus solennelles, toujours cherchant la force là où elle n'est pas.

L'étude de la Bible toutefois ne restait pas sans fruit pour Clémence. Sa conscience obscurcie par sept années d'indifférence, s'éclairait peu à peu; elle devenait plus difficile envers elle-même; elle se surprenait constamment en faute, mais cette connaissance de sa misère, premier degré que l'âme ait à franchir pour remonter de la mort à la vie; cette connaissance de sa misère remplissait la pauvre Clémence d'irritation contre elle-même et contre les autres; elle prenait pour des vices nouveaux, ce qui n'était que la vieille corruption de son cœur mise à découvert; et plus elle avançait, plus elle croyait reculer.

Des actes que depuis longtemps elle voyait ac-

[1] Saint Luc XVIII, 11.

complir sans répugnance, maintenant la révoltaient, parce qu'elle les comparait à ce qu'ordonne la loi de Dieu. Ainsi, lorsque le père Giraud, en revenant de la foire, se vantait d'avoir faufilé une mule ombrageuse à quelque chaland inexpérimenté, d'avoir acheté de quelque niais vendeur une pièce de bétail à moitié prix; lorsqu'il se frottait les mains en riant de ses dupes, et que les valets de la ferme, rassemblés autour de lui, admiraient sa finesse; au lieu de rester insouciante comme jadis, Clémence, scandalisée, mais scandalisée avec orgueil, adressait de hautains reproches à son mari, lequel répondait par un mot ironique, qui mettait les rieurs de son côté, puis s'en allait en chantonnant quelque vieux couplet sur les ridicules féminins.

Quand, au moment de partager les récoltes avec le propriétaire, le fermier Giraud parvenait, à force de ruse et de coquinerie, à grossir sa part aux dépens de celle du maître, Clémence, indignée, mais toujours sèche, fière, prononçait le mot de *vol*, et s'attirait quelque sanglante réprimande.

Il en allait de même pour la profanation du Dimanche, pour les jurements, pour les mauvaises lectures, pour les discours légers ou impies; toujours le blâme orgueilleux de la part de Clémence, toujours le dédain moqueur de la part de Giraud.

De plus, Giraud, comme on pense, ne perdait pas une occasion de faire remarquer à sa femme que toute *bigote*, toute *sucrée* qu'elle était, elle péchait comme une autre. Sa raideur, ses vanités frivoles, ses fréquentes révoltes contre le pouvoir marital, tout cela était habituellement rappelé à Clémence devant les habitants de la ferme..... car le père Giraud ne se gênait guère.

Clémence, qui souffrait dans son amour-propre, souffrait aussi dans sa conscience; elle sentait vaguement qu'elle faisait plus de mal que de bien; qu'en manquant au respect, à l'affection conjugale, elle se déconsidérait elle-même, qu'elle déconsidérait sa religion aux yeux de Giraud, aux yeux de ses enfants, aux yeux de ses serviteurs.

Il faut le dire, cependant; Clémence remplissait avec exactitude des devoirs jadis négligés parce qu'ils étaient dédaignés. On la voyait plus soigneuse d'établir l'ordre dans sa maison, plus soumise dans ce qui tenait aux détails extérieurs de la vie; mais si elle cherchait à remplir rigoureusement ses obligations dans ce qu'elles avaient de strict, elle n'allait pas au-delà. Il n'y avait dans ce qu'elle faisait ni élan, ni amour, ni même les franches allures du bon vouloir. On reconnaissait les œuvres de l'esclavage, non celles de la liberté.

Quoiqu'il eût remarqué cette amélioration, Giraud s'en montrait peu reconnaissant; il sentait là-dedans quelque chose de contraint qui lui disait que l'affection n'inspirait aucun de ces efforts, et il en profitait pour se dispenser du devoir de la gratitude. D'ailleurs il pensait que ces progrès si subits pourraient bien n'être que l'effet d'un caprice; il attendait pour manifester quelque satisfaction, que le caprice eût duré longtemps; et puis, deux ou trois paroles amicales, deux ou trois encouragements qu'il avait adressés à Clémence, n'ayant provoqué chez elle qu'un surcroît de froideur, il s'était tenu pour averti, et ne donnait plus un signe d'approbation.

Clémence ne réussissait pas mieux avec ses enfants. L'aîné, qui à douze ans venait de faire sa première communion, ne l'écoutait qu'avec une sorte de défiance. Clémence avait essayé de lire avec lui les livres qu'il recevait à l'école des Frères, mais à chaque instant rebutée par de fausses doctrines, elle repoussait le livre, ou entamait une discussion dans laquelle l'enfant n'entrait qu'avec répugnance, dont il sortait scandalisé, et qui, lorsque Giraud s'en apercevait, l'irritait toujours, non pas tant peut-être comme acte de prosélytisme, que comme manifestation d'une croyance qui devenait vivante, qui pourrait un jour se faire gênante.

Clémence avait tout aussi peu de succès auprès de Pierre ; il se moquait, il est vrai, des ordres et des défenses de l'Eglise, qu'il ignorait parfaitement du reste, car il ne mettait que le moins possible les pieds à l'école; mais il se moquait aussi des enseignements de sa mère, qu'il trouvait d'une austérité, d'un ennui révoltants.

C'était naturel : Clémence, en présentant sans cesse les épines de son péché au nom de la religion, écartait chacun de la vérité.

Hélas ! elle-même connaissait-elle, avait-elle accepté cette vérité parfaite? ne s'était-elle pas arrêtée au pied de ce mont Sinaï, où éclate le tonnerre, où la foudre de la loi sillonne seule les ténèbres, au lieu de s'en aller au pied du Golgatha, où resplendit la douce, l'éternelle clarté du pardon ; d'où descendent ces mots, notre force et notre joie : *Tout est accompli !*

Lorsqu'elle regardait à son cœur, elle n'y voyait qu'impatience du joug, que sentiments haineux, que crainte et que péché.

Lorsqu'elle regardait à ses enfants, un regret poignant saisissait son âme; l'éloignement de l'un, la légèreté de l'autre, son influence perdue pour tous deux, leur avenir compromis par sa faute, tout la navrait.

Lorsqu'elle regardait à son mari, sa tristesse devenait accablante. Point d'amitié, point d'accord, point de confiance, point de secours! Que n'eût-elle pas donné pour trouver dans un époux, je ne dis pas un chrétien expérimenté qui fût son guide, mais seulement un homme compatissant qui l'écoutât lorsque son pauvre cœur demandait à s'ouvrir, un homme droit qui cherchât avec elle la vérité; moins que cela : tout simplement un homme appartenant à sa communion, avec lequel elle pût lire de temps à autre un verset de la Bible, avec lequel elle pût, ne fût-ce que dans de graves circonstances, s'agenouiller devant Dieu, sans que ces désolantes paroles mille fois répétées : *tu as ta religion, j'ai la mienne,* vinssent la repousser hors de l'union.

Il y a des gens qui se scandaliseront en lisant ceci, qui s'écrieront qu'on peut prier, qu'on peut lire la Bible avec un catholique-romain, qu'on peut avec lui vivre dans une intime communion de convictions et de pensées. Oui, et nous le répéterons à satiété, oui, avec un catholique qui n'est plus catholique.

Quant aux véritables sectateurs de l'Eglise romaine, les aimer en Jésus, prier pour eux, admirer ce qu'ils ont de bon, penser comme eux toutes les fois qu'ils pensent comme la Bible, c'est possible, c'est ordonné ; mais vivre avec eux en unité de foi, cela n'est praticable qu'au moyen du sacrifice, de l'obscurcissement de tout ce qui, dans la foi, s'oppose à leurs erreurs. On aura beau faire, il n'y a qu'une vérité ; on peut passer à côté, par dessus, par dessous ; mais la doubler, la tripler, la quadrupler ; faire une vérité rationaliste, une vérité musulmane, une vérité catholique, une vérité évangélique, et leur accorder à chacune la même confiance, les mêmes droits, c'est, sans s'en apercevoir, les nier toutes.

Clémence, profondément découragée, se rappela la demande que Mme Dubois lui avait faite : écrivez-moi. Elle s'adressa à la gouvernante, lui dépeignit avec franchise l'état d'âme que nous venons de décrire, et en reçut la réponse que nous transcrivons ici :

« Ma chère Clémence,

» *Vous ne voulez donc pas aller à Christ pour avoir*

la vie! Vous persistez donc à chercher des fruits sur un arbre qui n'a point de racines! Vous refusez de croire que Jésus vous a rachetée, que vous êtes *son enfant;* et condamnée, perdue, sans espérance comme vous vous croyez, vous prétendez produire les œuvres de l'amour, de la paix, de la conversion!

» Ma chère enfant, ne faites pas Dieu menteur. Croyez-le quand Il nous dit qu'un homme ne peut sauver son âme,[1] que toutes les pensées de notre cœur ne sont que mal en tout temps;[2] et croyez-le encore lorsqu'Il nous dit qu'Il est venu non pour les justes mais pour les injustes,[3] que dès à présent ceux qui ont la foi sont sauvés,[4] qu'ils seront sanctifiés.[5]

» Oh! Clémence, quand d'un cœur humble vous aurez dit *amen* à ces paroles de Dieu, quand vous aurez reçu votre grâce comme un mendiant reçoit le don que laisse tomber le riche dans sa main, avec la même simplicité, avec la même confiance, sans vous imaginer que le Seigneur vous trompe en vous donnant un faux salut; alors, mon enfant, alors vous vous réjouirez d'une parfaite joie. Vous ne vous irriterez plus, vous ne vous enflerez plus

[1] Psaume XLIX, 7, 8. — [2] Genèse VI, 5. — [3] Marc II, 17. — [4] Jean III, 36. — [5] Romains VIII, 27, 28, 29.

d'orgueil sous prétexte de fidélité à l'Evangile, vous trouverez une secrète satisfaction à combattre votre péché, vous serez patiente, vous serez soumise, vous attirerez les autres à Christ, et vous ferez tout cela parce que vous vous sentirez aimée, parce que vous aimerez.

» Si au lieu de montrer de la sécheresse à votre mari, vous lui témoignez un attachement sérieux ; si au lieu de rester froide à ce qui le touche vous prenez un véritable intérêt à ses affaires; si au lieu de le blâmer en public, vous lui adressez en secret quelques observations rares, modérées, pleines de douceur, comme il convient à une femme chrétienne; Giraud restera-t-il aussi moqueur? continuera-t-il à vous traiter avec une sorte de dédain? Il pourra bien par contenance, par une fierté mal entendue, conserver quelque temps la même façon d'agir ; mais dans le fond, je vous l'affirme, Clémence, il sera frappé à salut d'un tel changement.

» Que doit-il penser au contraire de convictions qui vous laissent tous vos défauts ; qui dans ce moment y ajoutent même des prétentions à le critiquer, à le dominer.

» Que cette foi vous rende humble, qu'elle répande sur votre visage le doux éclat de la sérénité chrétienne, sur vos lèvres le sourire bienveillant de la charité; dans vos discours la fidélité sincère et pourtant point irritante d'un véritable enfant de Dieu; qu'elle remplisse votre cœur d'une tendresse désintéressée pour votre mari, et soyez-en certaine, Clémence, cette foi transportera les montagnes.[1] Mais pour cela il faut appartenir à Christ, et on ne lui appartient que lorsqu'on se laisse racheter par Lui.

» Quelques mots de pratique, ma chère enfant.

» Ne parlez jamais à votre mari du haut de votre justice, cette justice n'existe pas plus chez vous que chez lui, que chez moi. Mettez-vous en face de vos fautes habituelles et ne vous adressez à Giraud pour lui faire une observation, que lorsque vous serez bien convaincue que vous ne valez pas mieux que lui.

» Ce n'est pas tout, Clémence, ayez à cœur le succès du conseil que vous donnez, de l'effort que vous faites. Ne vous contentez pas de servir la vérité par acquit de conscience; choisissez pour la présenter le moment favorable, disposez les cœurs à l'entendre, rendez-la attrayante, ou du moins ne la rendez pas repoussante; ne prenez jamais de ces

[1] Matth. XXI, 21.

airs froids ou revêches, qui effraient un mari, et qui, par conséquent, le fâchent.

» Allez plus loin encore, mon enfant ; ce que vous ne souffrez pas chez vous, supportez-le chez Giraud. Fermez les yeux sur ses torts, soyez comme la charité qui « ne soupçonne point le mal. »[1] Est-il moqueur ? résignez-vous de bonne grâce à ses plaisanteries. Vous offense-t-il par un mot injurieux ? voyez si le coup a déchiré l'orgueil ou le cœur. Vous impose-t-il des devoirs qui vous répugnent ? cherchez vers Dieu la force de les accomplir gaîment. Oppose-t-il un refus à de justes demandes ? renoncez-vous pour l'amour du Seigneur, car Il s'est renoncé pour l'amour de vous.

» Giraud ne vous comprend pas, Giraud vous fait souffrir !... Mais vous-même, Clémence, vous ne vous comprenez pas ; vous-même, vous vous faites souffrir ; travaillez donc sur vous !

» Oh mon enfant ! aimez le Seigneur ; à cause de lui, aimez votre mari, et vous deviendrez bien habile.

» Vous avez une belle écriture, les yeux de Giraud se fatiguent, il est âgé ; pourquoi ne lui proposeriez-vous pas d'écrire ses notes, de tenir ses li-

[1] 1 Corinth. XIII, 5.

vres?... Il aime la lecture; pourquoi les soirs d'automne, à la veillée, ne choisiriez-vous pas quelque ouvrage intéressant, quelque voyage, quelque récit de missions que vous prêterait volontiers le pasteur de Saint-Agrève, pour les lire à haute voix au coin du feu.

» Votre mari est économe; abandonnez cet amour de la toilette qui convient mal à une femme chrétienne; prenez soin de votre ménage; ne laissez rien perdre; qu'il voie, qu'il sente que quelque chose de nouveau s'est passé en vous; qu'il soit entraîné à rechercher d'où vient ce changement; que votre foi lui prouve sa vérité par ses œuvres.

» Je voudrais que, sans vous rebuter, vous missiez sous les yeux de votre mari quelques portions de la sainte Ecriture. Je voudrais qu'au lieu de fuir tout entretien sérieux, vous fussiez prête, en chaque occasion, à rendre raison de votre croyance avec douceur. Giraud pourra vous froisser par quelque parole inconvenante; il pourra vous repousser en alléguant la différence de vos communions; mais votre devoir, Clémence, devoir impérieux, est de présenter la lumière à l'âme de votre mari, d'éclairer l'âme de vos deux fils.

Pour moi, je ne connais pas de puissance qui ait le droit de vous empêcher de méditer avec ces derniers la Parole de Dieu, de prier avec eux et pour eux.

Que votre tâche est belle, Clémence! amener un époux, amener des enfants à la vie éternelle! Et cette tâche ne se borne pas là : vous pouvez, vous devez vous occuper des domestiques de la ferme, leur épargner les tentations, veiller à ce que rien d'immoral ne se passe entre eux, soigner leurs intérêts matériels ; n'y a-t-il pas là de quoi remplir utilement votre vie?

J'ai connu un riche fermier et sa femme, qui dans les soirées d'hiver donnaient eux-mêmes des leçons de lecture et d'écriture à leurs domestiques. La veillée ne se terminait pas sans qu'on lût un chapitre de la Bible et qu'on priât ensemble. Combien il était beau, l'après-midi du Dimanche, de les entendre tous, assis devant la ferme, chanter en partie nos admirables psaumes!

Clémence, votre influence n'existe pas encore ; vous ne pouvez que témoigner par la transformation de votre conduite de l'excellence du christianisme évangélique ; mais cela, mon enfant, cela au moins, faites-le. Faites-le par la force de Christ. Ne tournez plus autour de vous-même ; marchez droit au Sauveur, touchez sa robe comme la femme malade depuis douze années;[1] importunez-le comme la Syrophénicienne;[2] ou plutôt, asseyez-vous à ses pieds ainsi que faisait Marie;[3] écoutez-le quand Il vous dit : Je suis le chemin, la vérité et la vie : nul ne vient au Père que par moi;[4] et sachez, Clémence, sachez que Celui qui vous a donné son Fils vous donnera toutes choses avec Lui.[5] Toutes choses! par conséquent la bonne volonté, par conséquent l'affection, par conséquent le succès et la joie!

Adieu, mon enfant, prenez courage; « vous aurez de l'angoisse au monde, mais Jésus a vaincu le monde. »[6]

Un petit envoi de livres accompagnait cette lettre. Clémence la relut deux fois, mais la première phrase s'était tout d'abord enfoncée dans son cœur : *Vous ne voulez pas aller à Christ pour avoir la vie!* Elle sentit qu'elle n'avait rien compris jusqu'alors à l'Evangile; elle parcourut les livres, ils éclaircirent pour elle bien des obscurités. Cependant elle s'attacha surtout à la Bible, à ces psaumes, à ces épîtres, à ces saintes narrations que tant de fois

[1] Saint Matth. IX, 20. — [2] Saint Marc VII, 25-30. — [3] Saint Luc X, 39. — [4] Saint Jean XIV, 6. — [5] Romains VIII, 31. — [6] Saint Jean XVI, 33.

elle avait relues, qui tant de fois, elle le croyait du moins, ne lui avaient parlé que de justice, que d'œuvres, que de châtiments ; et elle reconnut que si toutes en effet parlaient de péché dans l'homme, toutes parlaient de la fidélité du Fils de l'homme pour l'effacer ; que si toutes parlaient de la nécessité d'une conversion, toutes parlaient de la puissance du Saint-Esprit pour l'opérer dans le cœur ; que si toutes parlaient de la colère de Dieu contre le coupable impénitent, toutes parlaient de la patience de Dieu envers le pécheur humilié. La pierre angulaire du temple des Ecritures se dressait devant elle, la loi l'amenait en pédagogue à la grâce. [1]

Si cette route nouvelle qui s'ouvrait devant Clémence était la bonne route.... nous le laissons à deviner au lecteur.

[1] Galates III, 24.

CHAPITRE IX.

L'aveu.

—

Durant toute la soirée Justine avait attendu son mari; la nuit s'était écoulée sans que Victor eût paru. De bon matin Justine mit son ménage en ordre, envoya ses enfants à l'école; puis, tremblant à la pensée de l'aveu qu'elle avait à faire, elle se reprit à lire et à prier, car elle avait besoin de force.

— Cette confidence n'est-elle pas inutile? murmurait le tentateur; ne peux-tu rompre avec le mal sans raconter ta faute à Victor, à Victor déjà prévenu contre toi?

— Si tu bâtis sur le sable du mensonge, disait à son tour la conscience, ton édifice croulera ; ne te séduis pas toi-même, tu ne peux cacher quelque chose à ton mari sans être obligée pour garder ton secret d'entasser détours sur détours. Tu commences une nouvelle vie, jette arrière de toi le vieux levain du péché.

— Avoue donc, reprenait avec plus de force le tentateur; avoue, et Victor te méprisera; il te croira plus coupable que tu ne l'es, il éclatera en transports de fureur, il te chassera peut-être.... ou bien il se rira de toi, de tes scrupules, et au lieu de l'appui que tu en attends, tu ne trouveras chez lui que moquerie et que dégradation.

— Laisse à Dieu l'issue de cette affaire, répondait la conscience ; toi, ne te préoccupe que d'une chose, de l'accomplissement de ton devoir. Ton mari te méprisera ! eh bien cette humiliation que tu mérites ne restera sans bénédiction ni pour ton âme ni pour la sienne. Au travers de son emportement, Victor sentira que cet aveu est dicté par un sentiment dont il ne se rendra pas compte peut-être, qu'il ne comprendra pas, mais qui tôt ou tard le fera réfléchir à salut. Ici comme partout la vérité produira ses fruits.

— Et tu auras la force de faire une telle confession, s'écriait le tentateur; tu pourras affronter cette honte; tu diras à Victor, qu'au moment où tu lui reprochais ses désordres, ses infidélités.... toi, tu écoutais l'adultère amour de son ami! tu lui diras qu'à cette heure encore tu es si faible, que tu as peur de revoir cet homme!

— Tu obéiras au Seigneur, répliquait avec énergie la conscience, et le Seigneur ne t'abandonnera pas. Tu parleras simplement, sobrement, comme en sa présence; tu rougiras, c'est vrai; tu auras de l'angoisse, mais le Seigneur fera descendre sur toi la fortifiante rosée du Saint-Esprit et tu seras consolée. Ecoute la Parole de ton Dieu : « Quoi qu'il en soit, mon âme se repose en l'Eternel; c'est de Lui que vient ma délivrance. Quoi qu'il en soit, il est mon rocher et ma délivrance, ma haute retraite; je ne serai pas entièrement ébranlé. »[1]

En ce moment la clef tourna dans la serrure; Victor entra brusquement. Il avait passé le jour précédent et la nuit dans la débauche, il éprouvait ce malaise, ce dégoût qu'amènent les désordres; il s'attendait à une scène de la part de sa femme,

[1] Psaumes LXII, 1, 2.

en montant l'escalier il s'était préparé à porter la guerre dans le camp ennemi.

— Qu'est-ce que tu fais là? dit-il à Justine courbée sur sa Bible; quelles sornettes lis-tu là? où est mon déjeuner? hum !.... pas préparé!... et les enfants, que font-ils?

Justine se leva les yeux humides, le cœur gonflé, posa sur la table un morceau de pain, une assiette de soupe, et répondit doucement :

— Les enfants sont à l'école.

— Eh bien, eh bien ! qu'est-ce que tu as donc? demanda Victor, qui, remarquant les yeux rougis de Justine, se défendait contre un mouvement de pitié et de remords. Est-ce que tu vas pleurer? je t'en avertis, cela ne prendra pas!... colère, reproches, pleurnicheries de femme, je m'en soucie comme de ça ! Et il fit un geste de dédain.

— Victor, reprit après un instant de silence Justine, dont la voix tremblait; je pleure parce que je me sens coupable envers Dieu et envers toi.

Victor regarda fixement sa femme, comme s'il n'avait pas bien entendu.

— Depuis longtemps je marche dans un mauvais chemin; je ne suis ni pour toi ni pour mes enfants ce que je devrais être.... En outre, Victor, (et ici la voix de Justine devint plus faible et plus tremblante), j'ai une grave faute à te confesser : je me suis laissée entraîner à écouter un homme qui s'efforçait de me séduire. Sans la grâce de Dieu j'aurais succombé !

Victor se leva brusquement ; un tel aveu, ce repentir, cette humilité, tout cela lui paraissait un rêve ! Justine était-elle plus coupable qu'elle ne le disait ; n'y avait-il au fond de cet acte si étrange qu'un caprice, qu'une comédie ; ces questions se pressaient dans sa tête et en chassaient les dernières traces du désordre de la nuit.

— Justine.... voyons, ceci est sérieux, dit-il toujours brusque, mais sans violence. As-tu manqué à tes engagements ?

— Non, murmura Justine ; mon âme seule s'est égarée.

— Alors, reprit Jaquemin, que cette délicatesse de conscience troublait plus qu'un reproche ; pourquoi viens-tu me corner les oreilles d'infidélité.... de séduction.... de je ne sais quoi?... Tu as écouté un drôle.... cela ne t'arrivera plus, voilà tout ! Tu te fâches quelquefois, moi aussi. D'ailleurs moi.... moi.... quoique les obligations d'un homme ne soient pas les obligations d'une femme, je ne suis pas blanc comme neige non plus. Bah!... il faut se passer quelque chose!

— J'ai beaucoup souffert pour t'avouer ma faute, reprit Justine sérieuse et humble ; mais si je te l'avais cachée, Victor, j'aurais menti.... et je veux être vraie; d'ailleurs j'ai besoin de toi pour revenir au bien.

Cette parole tomba sur le cœur de Victor ; il se détourna pour ne pas laisser voir son trouble. — A quoi puis-je te servir, moi? reprit-il d'un ton bourru.

— Ah ! si tu voulais, Victor !

Quelques minutes s'écoulèrent.

— Je connais l'homme qui t'a parlé ! s'écria tout-à-coup Victor, qui s'efforçait d'échapper à son émotion ; c'est ce freluquet de Leblanc. Va, son compte est bon ! Et Jaquemin releva ses manches d'un air significatif.

— Victor, dit Justine avec calme; ne me livre pas à la risée de cet homme, de ses compagnons ; rompons toutes relations avec lui, mais tenons ceci secret, notre honneur en dépend.

— Elle aura donc toujours raison, cette petite femme, s'écria Victor.

— Tu me pardonnes? reprit sérieusement Justine; tu m'aideras, tu me permettras de servir le Seigneur?

Victor interrompit sa femme en l'embrassant.

Justine aurait bien voulu que son mari lui laissât le temps d'expliquer ce qui s'était passé en elle, de raconter comment Dieu dans sa miséricorde l'avait mise en présence de son péché; elle aurait désiré que cette confession eût quelque chose de plus solennel, car elle devait servir de point de départ à une nouvelle vie; la facilité même avec laquelle Victor avait pardonné l'affligeait; elle sentait là plus de légèreté que d'affection peut-être. Mais Victor, que la crainte de se laisser gagner par les religieuses émotions de sa femme tenait en garde, Victor sortit presque immédiatement, en déclarant qu'il allait travailler comme un nègre, et que cette semaine pas un sou ne prendrait d'autre chemin que celui de la bourse du boulanger ou du propriétaire, auquel on devait deux termes.

Justine, lorsqu'il l'eut quittée, se jeta à genoux pour remercier le Seigneur. Son cœur était déchargé d'un poids immense; après tant de mois passés dans les tourments d'une mauvaise conscience, elle respirait avec délices cet air de liberté, de vérité qui circulait autour d'elle. Plus de tromperies, plus de précautions pour cacher son péché, plus les agitations de l'entraînement au mal ; la sérénité revenait avec la grâce de Christ, et cette joie intime que produit tout sacrifice offert à Jésus inondait son cœur.

Justine, il est vrai, prévoyait de rudes combats; elle était par moments comme écrasée par ses fautes, par moments le tentateur rôdait autour d'elle et lui présentait de mauvais souvenirs. Cependant, au travers de ces obscurités elle sentait la main du Seigneur, elle se savait soutenue par ce bras éternellement fidèle, elle était résolue à marcher d'un cœur *droit*, et ce cœur elle le demandait à Dieu, qui ne le refuse jamais.

Les discours agissant peu sur Victor, Justine résolut de lui parler par sa conduite; elle chercha de l'ouvrage, en trouva non sans peine et s'appliqua au travail avec diligence. Sa petite chambre fut nettoyée chaque jour, et les enfants suivirent l'école avec régularité. Pendant quelque temps Victor apporta tout l'argent qu'il gagnait; Justine ne le dépensa qu'avec la plus stricte économie, mais bientôt, hélas ! Jaquemin, fatigué de sagesse, recommença le même train de vie, avec cette différence toutefois qu'il se sentait moins indépendant, que l'étourdissement n'était pas complet et qu'au milieu même de la dissipation, des pensées sérieuses lui arrivaient tout-à-coup et se cramponnaient à son âme pour ne la plus quitter.

Justine ne lui adressait pas de reproches et c'est ce qui le fâchait. Si elle avait grondé il se serait emporté; ils auraient été quittes, il le croyait du moins; mais cette tristesse douce, mais ce silence, voilà qui tenait son cœur inquiet et troublé.

Quelque tard qu'il rentrât le soir, il trouvait Justine à l'ouvrage ; parfois elle lisait dans sa Bible; elle lui demandait alors s'il voulait écouter quelques lignes. Lorsqu'il répondait un *non* brusque, elle se taisait; s'il consentait, elle commençait avec un sourire de bonheur et choisissait des passages tantôt si tendres, tantôt si énergiques, que le lendemain, que les jours d'après ces paroles poursuivaient Victor, le reprenaient, le séparaient de ses compagnons de débauche, le ramenaient à l'atelier, le dominaient avec plus d'autorité que n'eût pu faire un roi.

Les enfants de Justine jadis désobéissants, batailleurs, ignorants, malpropres, avaient eux aussi subi un commencement de transformation. Ils revenaient de l'école l'air heureux, sachant par cœur quelques beaux cantiques, lisant avec facilité de petites histoires touchantes et instructives que leur prêtait l'instituteur. Leur père trouvait chez eux plus de déférence, et quand une impertinence leur échappait, quand le péché reprenait le dessus, la douceur ferme de leur mère en triomphait presque toujours.

La misère était grande dans le ménage; cependant au moyen de beaucoup de privations et de beaucoup de travail, Justine était parvenue à retirer du Mont-de-Piété deux couvertures, un matelas pour ses enfants, un pantalon chaud pour son mari; grâce à son activité, à son économie, aux bontés de Mme de Mallens, le pain n'avait pas encore manqué.

Il ne faut pas s'imaginer, pourtant, que Mme Jaquemin fût tout d'un coup devenue parfaite. Non; si au lieu d'éclater en reproches contre Victor, elle parvenait presque habituellement à lui présenter un visage calme, il y avait des moments où la tentation, revenant plus forte, trouvait son cœur bien faible. Lorsqu'après une ou deux semaines d'oisiveté, son mari rentrait la bourse vide, exigent, colère, le premier mouvement de Justine la portait à le recevoir avec des paroles piquantes, et ce premier mouvement n'était pas toujours réprimé.

Justine avait rompu avec ses anciennes habitudes de frivolité; demandant l'énergie à Dieu, elle avait renoncé au travail du Dimanche, elle se couchait plus tard le samedi, elle se levait plus tôt le lundi, et regagnait ainsi une partie du temps perdu. Là-dessus, Victor la laissait libre ; mais un jour que, désireux d'effacer quelques torts, il l'avait invitée à l'accompagner au spectacle, Justine, qui comprenait le danger de ce plaisir, s'y était refusée. Pauvre femme ! elle avait eu de grandes luttes à soutenir ; d'abord contre elle-même ; toutes ses passions s'étaient réveillées, toutes s'étaient armées de raisons supérieures : il ne fallait pas faire du rigorisme à propos de tout ; il ne fallait pas froisser inutilement son mari ; il valait mieux partager avec lui le danger que de l'y exposer seul... ; et puis contre Victor ; Victor s'était indigné, il s'était blessé ; elle aussi s'était irritée et froissée ; elle avait défendu la vérité au moyen de l'orgueil ; elle avait triomphé par de mauvaises armes, et Victor était parti exaspéré.

On comprend quels remords assiégeaient Justine après de telles chutes ; elle s'abaissait devant le Seigneur ; elle demandait pardon à Victor, et Victor ne pouvait se défendre d'un certain attendrissement.

Les rapports de ses enfants avec leur père étaient un sujet de souci pour Justine. Longtemps elle s'était demandé si le silence absolu qu'elle gardait sur les écarts de Victor, si le support dont elle usait envers lui ne fausseraient pas les idées qu'ils se faisaient du bien et du mal; si, lorsqu'il les caressait au moment où elle venait de les châtier; si, lorsque devant eux il tenait des propos légers; si, lorsqu'il leur permettait un plaisir défendu; ce n'était pas le cas de sévir fortement, de blâmer, de contredire, de séparer sa cause de celle de son mari. Mais la lecture de la Bible, mais la prière lui avaient bientôt appris que condamner Victor, que s'opposer ouvertement à lui, c'eût été donner aux enfants le scandale de la division entre leurs parents, c'eût été leur enseigner à juger, à mépriser celui de qui Dieu a dit : « Honore-le. »[1]

Bientôt l'expérience lui montra que son exemple était la plus éloquente des leçons, que son silence suffisait pour mettre les enfants en garde contre de certaines séductions, et que son obéissance envers Victor, loin d'affaiblir son autorité maternelle, la relevait au contraire.

Nous le répétons, ces progrès s'accomplissaient à travers beaucoup de faiblesses, et, s'ils étaient

[1] Deutéronome V, 16.

frappants pour Mme Dubois, qui ne voyait que de loin en loin le pauvre ménage, ils étaient presque insensibles pour Justine, qui cheminait péniblement au milieu des difficultés que lui amenait chaque journée.

CHAPITRE X.

La maison bâtie sur le sable.

—

La famille Maillard va nous accuper maintenant. Les deux époux continuaient à pratiquer ce qu'ils appelaient leur *philosophie*. Rose jouissait des plaisirs de la vie, riait, jasait, dansait, faisait grande toilette et grande chère; Charles buvait de son mieux tout en débitant sa marchandise; les enfants grandissaient dans le mépris du devoir; le nom de Dieu n'était prononcé dans la maison que lorsqu'il entrait dans quelque blasphème. Avec tout cela, le ménage prospérait rapidement, et Louise Latour s'étonnait de voir tant de bénédictions extérieures répandues sur des gens qui se déclaraient les ennemis du Seigneur; tandis qu'Antoine, plus expérimenté, plus confiant dans la sagesse des voies de

Dieu qu'il avait mieux approfondies, répondait aux exclamations de Louise par ces mots : « — Ne te dépite point à cause des méchants ; ne sois point jalouse de ceux qui s'adonnent à la perversité ; car ils seront soudainement retranchés comme le foin, et se faneront comme l'herbe verte. »[1]

L'accord qui régnait entre Rose et son mari n'était pas l'union chrétienne, cette union pleine de paix, pleine de bons fruits qui a pour but la sanctification des âmes, et que chaque circonstance fait avancer vers ce but. Sans que ce fût l'effet d'une détermination positive, Rose et Charles s'associaient dans le mal et pour le mal. Leurs entretiens roulaient sur les défauts du prochain, sur les scandales de l'arrondissement, sur les dupes à faire, sur les vengeances à tirer de tel ou tel. Charles avait-il querelle avec un habitant du village : Rose, au lieu de l'apaiser, excitait son orgueil, exagérait les torts de son adversaire, engageait son mari à ne pas se laisser *marcher sur le pied ;* et lorsque par ses soins une haine positive naissait de cette fâcherie qui d'elle-même se serait dissipée, elle en ressentait un plaisir que nous

[1] Psaume XXXVII, 1, 2.

appellerons *diabolique*, bien qu'il soit très-général.

S'agissait-il d'un marché à conclure? Rose réchauffait dans le cœur de son mari le désir des gains illicites ; ils cherchaient ensemble le moyen de tromper l'acheteur, de tromper le vendeur, et riaient après de la sottise du niais qui les avait crus sur parole.

« La vengeance m'appartient ; je la rendrai, dit l'Eternel. »[1]

Dieu, qui souvent laisse prospérer le méchant sur cette terre, et qui attend au grand jour de la rétribution pour faire justice, Dieu appesantit sa main sur les époux Maillard. Il permit que Charles et Rose, embarrassés dans leurs propres filets, devinssent à leur tour la risée du village.

Charles avait exploité les vices du prochain ; il avait fait de l'ivrognerie des autres son grand moyen de gain déshonnête : on se servit contre lui des mêmes armes.

C'était la foire à Saint-Agrève ; Charles, occupé à boire ou à faire boire, cherchait comme d'ordinaire à friponner quelque campagnard, quelque forain benêt ou crédule, lorsqu'un de ces hommes

[1] Romains XII, 19.

à industrie équivoque, à spéculations hasardées, toujours en quête de capitaux et de sots qui les leur donnent, entra dans le cabaret et s'assit auprès d'une table solitaire.

Maillard, que cet individu guettait et se ménageait depuis longtemps, Maillard avait, à plusieurs reprises, conclu avec lui de petits marchés assez avantageux; de plus, il subissait dans toute son étendue le prestige des airs capables du menteur babil de notre chercheur de dupes; Rose de l'accueillir par conséquent comme il convenait pour un personnage si huppé ; Charles d'accourir, d'apporter force bouteilles du meilleur vin, et de tenir fidèle compagnie à M. Lenoble.

On but, on but beaucoup; Lenoble moins que Charles, auquel il versait toujours double ration.

Lorsque le moment de la confiance fut arrivé : ce moment où l'ivrogne qui a perdu tout pouvoir de juger sainement, devient le jouet de qui veut se rire ou se servir de lui ; ce moment où il jure une tendresse éternelle à celui qu'après deux ou trois bouteilles de plus, il assommera pour la moindre plaisanterie; quand cet instant, premier degré de l'abrutissement, fut arrivé, le chercheur de dupes se rapprocha de Charles, et à demi-voix lui demanda s'il était *vraiment son ami.*

Charles répondit par une énergique protestation.

— Je l'ai toujours pensé, reprit Lenoble, et c'est pour cela que je vous ai choisi, vous entre tous les habitants de ce bourg, pour vous associer à une entreprise qui, si elle réussit, vous fera tout simplement rouler carosse, vous fournira de quoi acheter le château, envoyer votre fils à Paris et marier votre fille à un pair de France !

Charles faillit renverser la table.

— Doucement, doucement, le succès de l'affaire dépend de votre silence ! Et Lenoble, se penchant vers Maillard, entra dans l'explication très-embrouillée d'une opération qui n'existait que dans son cerveau.

Charles écoutait de toutes ses oreilles, ne saisissait qu'à moitié les raisonnements de Lenoble et ne comprenait rien du tout à l'ensemble de l'affaire en question, si ce n'est qu'il s'agissait de millions à gagner dans l'avenir, et pour le présent, d'une dixaine de mille francs à débourser.

— Dix mille francs ! disait Lenoble ; la bagatelle de dix mille francs ! Mon ami, vous concevez bien que je les aurai demain si je les veux. Dix mille, vingt mille, cinquante mille, cent mille ! Mais d'un côté mes capitaux sont engagés et il me fâcherait de les déplacer ; de l'autre..... de l'autre, franchement j'aurais regret à faire la fortune d'un Pierre Lacroix, par exemple, qui mettait avant-hier son avoir entier à ma disposition ; d'un Jean Pibert, qui depuis tantôt six mois me presse de le faire entrer pour une part dans mes spéculations. L'un est un niais, vous le savez, père Maillard ; l'autre est un pince-maille : je ne veux rien avoir à traiter avec ces gens-là. Mais vous, Maillard, vous êtes un bon garçon, avec ça un homme d'esprit, un gaillard à qui on ne ferait pas prendre des vessies pour des lanternes ; j'ai dit : voilà ce que je cherche ; et vous le voyez, je viens à vous.

— Il vous faut donc de l'argent ? balbutia Charles, hébêté par le vin.

— De l'argent !.... à moi !.... Qui vous parle d'argent ? est-ce que j'ai besoin d'argent, moi !... Maillard, il me faut plus que ça, beaucoup plus que ça ! il me faut l'appui de votre nom. Hein ! camarade ! c'est joli un nom qui rapporte des centaines, des milliers de mille francs !

—Oui, c'est joli ! bégaya Charles, en jurant pour se prouver à lui-même la lucidité de ses idées et la force de sa volonté.

— Vous êtes de mon avis ! reprit Lenoble ; dans ce cas pourquoi ne terminerions-nous pas cette petite affaire aujourd'hui?.... aujourd'hui nous vivons, demain qui sait? Aujourd'hui la fortune frappe à votre porte, demain sa roue aura tourné.

— Sa roue aura tourné, répéta Charles en regardant Lenoble avec de gros yeux ronds.

— Je vois avec plaisir que nous pensons exactement de même. Eh bien, lisez-moi ça, camarade, lisez-moi ça attentivement et signez, bien entendu si le cœur vous en dit.

— Pas besoin de lire, pas besoin de lire! murmura Charles en se levant et en trébuchant; donnez !

— Ah! par exemple! croyez-vous donc que je veuille vous prendre en traître? lisez, mon garçon, lisez; je n'accepte votre signature qu'à cette condition.

Charles parcourut plusieurs fois le papier d'un œil stupide; la feuille était timbrée et contenait, écrite de la main de Lenoble, la formule ordinaire d'un engagement à le cautionner.

— C'est.... c'est un cautionnement que vous voulez?

— Un cautionnement!... oui, et non; encore ce n'est pas cela; tenez, jamais je ne vous ai vu la tête si dure, père Maillard. Vos dix mille francs! mais il y a cent à parier contre un que je ne vous les demanderai pas; ce que je veux, c'est une sécurité pour quelques jours; ce que je vous offre, c'est une part dans la plus belle spéculation du monde; dans une spéculation que je voudrais bien pouvoir faire tout seul !...

Et mais.., poursuivit Lenoble en se frappant le front, pourquoi pas !... Si je vendais mes actions de la Compagnie des aciers fusibles... ! si je retirais les cinq mille francs que j'ai chez Romant..! ou encore si je mettais là les six mille que m'a rapporté ma dernière affaire... ! C'est clair ! — et Lenoble fit mine de se lever. — J'ai plus qu'il ne me faut! Camarade, je ne vous presse pas, ce sera pour une autre fois.

— Venez, venez par ici! dit Charles, qui au travers de son ivresse avait assez suivi le raisonnement du rusé compère, pour comprendre que l'occasion était belle et qu'il en fallait profiter. Venez ! Il se dirigea en chancelant vers une chambre voisine. Femme, de l'encre, une plume, vite!

— Chut !.... chut !.... ne mettons pas les femmes dans nos secrets, se hâta de dire Lenoble à voix basse. Il sortit de sa poche tout ce qu'il fallait pour écrire, et quand Rose arriva, Lenoble glissait dans son portefeuille le cautionnement bien et dûment signé.

La figure avinée de Charles, le rire sournois du fripon, cette feuille de papier qu'il cachait précipitamment, tout cela jeta quelque soupçon dans l'esprit de Rose. Elle interrogea son mari ; il ne lui répondit que par un éclat de rire accompagné de ces mots : Rose, tu rouleras carosse ! Elle se tourna vers Lenoble ; celui-ci tirant son chapeau la salua profondément, et sortit en disant : Votre mari, Madame, vient de conclure une affaire.... dont on parlera.

On appelait, on criait de tous côtés dans le cabaret ; Rose, mal rassurée par la phrase ambiguë de Lenoble, devait répondre à tous et servir chacun ; toute la journée, une partie de la nuit passa de la sorte.

Le lendemain, Charles éveillé de bonne heure, de bonne heure aussi rappela ses souvenirs. Peu à peu la scène de la veille sortit du brouillard où la tenait ensevelie un reste d'ivresse. La spéculation lui parut moins sûre ; mais quand il en vint à cette certitude qu'il avait signé un cautionnement de dix mille francs ; dix mille francs ! la presque totalité de son avoir.... il poussa un cri, sauta sur ses habits, s'en revêtit sans répondre un mot aux questions de Rose et courut à l'auberge où logeait Lenoble. Lenoble était parti depuis quinze heures au moins, et l'on ne savait quelle route il avait prise.

Charles s'efforça de dissimuler les inquiétudes qui le dévoraient ; un instant il pensa à poursuivre Lenoble.... mais où le trouver !... comment lui faire rendre l'engagement ?... et puis, qui sait, peut-être l'affaire était-elle bonne !... Lenoble ne lui avait-il pas déjà procuré le gain de quelques sommes, légères à la vérité !.... Quoi qu'il en soit, la physionomie de Maillard resta sombre et son esprit fortement préoccupé.

Rose, excitée encore plus par la curiosité que par une affectueuse sollicitude, poursuivait Charles de ses interrogations. Le christianisme ne lui avait pas appris que si le cœur de la femme doit être sans secret pour un mari, le devoir de la soumission conjugale s'oppose à ce qu'elle force par violence, à ce qu'elle ouvre par finesse les portes que celui-ci ferme devant elle.

Plus Charles lui opposait de refus plus elle redoublait d'instances. Après deux semaines de persécutions et de querelles, Charles avoua tout. On comprend quel orage éclata.

Le silence sur cette affaire importait aux intérêts du ménage.

— Tu le sais, dit Charles, j'ai moi-même emprunté de l'argent à droite et à gauche ; si l'on apprend mon étourderie on s'effraiera. Je suis sûr de ne rien perdre avec Lenoble, j'ai la conviction que l'affaire est magnifique, mais....

Ici Rose recommença à injurier son mari.

— Parle ! dit Charles en la saisissant par le bras ; parle ! et Jean, Pierre, François viendront me redemander, celui-ci les vingt louis, cet autre les cinquante que je leur dois.... on me croira perdu, notre cabaret se videra, nous deviendrons la fable de tout le village !.... Tu m'entends ; fais comme il te plaira. Veux-tu nous réduire à la misère, veux-tu servir de risée à tes voisines, va, parle ; je te le répète, parle !

Rose entendait, Rose comprenait, mais la passion de jaser, mais le besoin de blâmer son mari, de se faire plaindre, de criailler, de débiter des nouvelles ; tout cela, caché sous le prétexte de prendre des informations sur Lenoble, de s'assurer de la bonne volonté des créanciers de Charles, tout cela délia peu à peu sa langue. Quant au respect qu'une femme doit aux ordres de son mari, il y avait longtemps que pour Rose de *tels préjugés* n'existaient plus.

Elle parla donc : elle dit un mot, puis deux, puis les voisins l'interrogèrent, se répétèrent les uns aux autres ce qu'ils tiraient d'elle, et bientôt ils surent l'histoire entière. La sottise de Charles, sa folie fournirent le sujet de toutes les conversations; ses créanciers l'assiégèrent, il fallut payer; le bruit de sa ruine se répandit, on refusa d'approvisionner ses caves, le cabaret perdit ses chalands; ce n'était rien : deux mois ne s'écoulèrent pas que Lenoble fit faillite et prit la fuite avec une bourse bien garnie. Charles l'avait cautionné pour dix mille francs, il fallut les trouver; les gens de loi arrivèrent, saisirent la maison, le terrain, les meubles, le peu d'argent qui restait; et ce ménage dont le bonheur, dont l'union avaient fait l'admiration des habitants de Sainte-Agrève, leur offrit alors un spectacle hideux.

Exaspérée par son malheur, animée par ceux qu'elle avait pris pour confidents de ses griefs contre Maillard, Rose ne trouvait de soulagement que dans l'injure. Abaisser son mari aux yeux des autres, le livrer aux moqueries, exciter ses enfants contre lui, blasphémer la Providence, *le sort*, comme elle disait, c'était là tout ce qu'elle savait faire.

Charles, hors de lui, répondait par de la violence aux emportements de sa femme, aux impertinences de ses enfants ; puis, à l'aide des quelques sous qu'il gagnait par un rare travail ou qu'il dérobait à Rose, il allait chercher dans une abrutissante ivresse l'oubli de ses fautes et de ses chagrins.

Que leur restait-il à ces infortunés, maintenant que la prospérité les avait abandonnés? Leur affection!.... Elle s'était brisée au premier choc de l'épreuve, comme se brise tout sentiment qui ne puise sa force que dans notre égoïsme. Leur philosophie?.... Elle les avait laissé dès le jour où ils lui avaient demandé autre chose que les préceptes impuissants d'une morale relâchée.

Plus rien n'était debout autour d'eux, plus rien que la pensée d'un Dieu juste, d'un Dieu vengeur, du Dieu dont ils avaient méprisé les appels, violé les commandements; et cette pensée qui, lorsqu'il s'y arrêtait, frappait Charles de stupeur, soulevait au contraire de pires révoltes chez Rose.

Les consolations religieuses que lui portait Louise Latour lui semblaient autant d'accusations; elles tombaient sur sa conscience comme de l'huile bouillante sur une blessure ouverte; elle les repoussait avec colère. Les consolations humaines? elle y lisait l'orgueilleuse pitié, la secrète joie que cause notre abaissement aux amis mondains; son amour-propre en souffrait horriblement. L'amitié de Charles? elle la détruisait à plaisir, trouvant une infernale joie à l'exaspérer par la violence, par la continuité de ses récriminations. L'affection de ses enfants? de bonne heure ils avaient appris à se montrer égoïstes, audacieux, rebelles, et les leçons qu'ils recevaient à cette heure fructifiaient avec une effrayante rapidité.

Les voisins s'étonnaient de découvrir chez Rose, chez Charles, des défauts qu'ils ne leur avaient jamais connus. Le malheur les a rendus méchants, disaient-ils. Non, le malheur ne les avait pas rendus méchants; le malheur, en déchirant l'enveloppe qui recouvrait leur cœur mauvais, avait manifesté leur péché; il ne l'avait pas créé.

Lorsque Maillard et sa femme, plongés dans l'indigence, expulsés de leur maison, réduits à s'abriter sous une masure, n'eurent plus pour ressource que leur travail, travail auquel une vie mal réglée et de longues habitudes d'oisiveté ne les préparaient guère ; chacun applaudit à leur chute, Antoine et Louise Latour seuls pleurèrent sur eux et tentèrent de leur porter des secours qu'ils refusaient orgueilleusement d'ordinaire, qu'ils acceptaient avec fierté, avec aigreur, toutes les fois que le besoin les pressait.

Le mal continua chez eux à enfanter le mal;

leurs seuls plaisirs furent les horribles plaisirs de l'emportement, de l'ivresse... Ces insensés avaient bâti l'édifice de leur affection, de leur bonheur, sur le sable; la pluie, les vents se déchaînaient, et *la ruine en était grande.*[1]

[1] Saint Matthieu VII, 26, 27.

CHAPITRE XI.

Dieu tire le bien du mal.

—

Prosper Leblanc avait vainement essayé de continuer ses poursuites auprès de Justine, quelques mots sérieux et fermes lui avaient fait comprendre que cette proie lui échappait pour toujours.

Qu'il pénétrât ou non la cause de cette rupture, Prosper Leblanc en conçut un profond dépit et résolut de se venger. Il employa toutes ses ressources, et les esprits corrompus en possèdent beaucoup, à combattre l'influence chrétienne et affectueuse que Justine s'efforçait d'exercer sur son mari.

Comme il arrive aux âmes faibles, Jaquemin d'abord exaspéré, puis radouci, était peu à peu retombé sous la domination de Leblanc. Il rencontrait Prosper au café, Prosper venait le chercher à l'atelier, Prosper buvait et mangeait avec lui son argent, Prosper l'introduisait dans la société d'hommes vicieux mais bons vivants, Prosper était gai, Prosper avait du caractère, et Victor, tout en le méprisant, tout en le détestant lorsqu'il se rappelait ses procédés, Victor se laissait subjuguer.

Justine voyait avec terreur les progrès que faisait Leblanc dans la confiance de Jaquemin. Elle aimait son mari : depuis que le Seigneur l'avait éclairée, cette affection était devenue plus élevée, plus tendre. L'avenir de Victor excitait toute sa sollicitude. Par moments, elle songeait à ce qu'eût été pour eux une union chrétienne, à la douceur qu'ils eussent trouvée à prier ensemble, à guider ensemble leurs enfants dans la bonne voie ; aux jouissances si pures qu'ils eussent goûtées le dimanche après une laborieuse semaine, et son cœur débordait, ses mains se joignaient, elle suppliait le Seigneur de lui accorder la grâce de vivre ainsi, ne fût-ce qu'un jour. Mais quand la réalité lui apparaissait, quand elle suivait la marche rapide de la dépravation dans cette âme précieuse, quand elle se rappelait qu'elle-même avait été un des instruments de sa corruption, oh ! alors, elle ne pouvait retenir ses sanglots, elle se sentait humiliée jusqu'au découragement.

La vue de son propre péché l'aidait à supporter les mauvais procédés de Victor. Lorsqu'après un jour, parfois une semaine d'absence, il rentrait ivre, et que dans un accès de colère il jetait à terre chaises et table, brisant tout ce qui tombait sous ses mains; lorsque bourru, grondeur, triste de cette tristesse pleine d'amertume que donne la mauvaise conscience, il venait s'asseoir à la table du souper et s'indignait de n'y voir qu'un morceau de pain ou de la trouver vide; Justine au premier moment troublée, près d'éclater, Justine se taisait, ou bien soutenue d'en Haut, elle essayait de ramener Victor au moyen de quelques paroles affectueuses. De longues nuits d'insomnie et de larmes suivaient ces terribles moments; Jaquemin alors, ou se défendait contre le repentir en se plongeant dans le sommeil, ou touché, vaincu malgré lui, s'accusait lui-même, implorait le pardon de Justine, jurait de rompre avec les mauvaises compagnies et tenait parole jusqu'à l'instant où Prosper Leblanc d'un mot, d'un signe, le faisait revenir à lui.

Victor n'était pas heureux: il passait vite, il est vrai, des remords à l'étourdissement; mais, par une grâce de Dieu à laquelle, pauvre insensé, il eût souvent désiré d'échapper, le mécontentement restait au fond de son cœur et le dévorait en secret. Il s'efforçait d'échapper à cette tristesse au moyen de plus grands excès, mais le désordre ne lui apportait que plus de dégoût, que plus de chagrin.

Un soir que les enfants étaient couchés, que Justine veillait en travaillant, le bruit de plusieurs pas, de voix tumultueuses se fit entendre dans l'escalier, il se rapprocha, s'accrut, on frappa deux ou trois coups précipités, Justine s'élança tremblante, et son mari, le visage ensanglanté, se traînant avec peine, parut devant elle, soutenu par Leblanc et un homme de mauvaise mine.

— Victor ! cria la pauvre femme en retombant sur sa chaise.

— Ne t'effraie pas, murmura le blessé.

— C'est l'histoire d'une roulée de coups, voilà tout, dit Leblanc en ricanant.

— Avez-vous de l'eau de vie, quelque chose pour le faire revenir, reprit son compagnon d'un ton plus doux, vous voyez bien qu'il s'en va !

— Rien... rien... balbutia Justine presque sans voix, il ne me restait qu'un morceau de pain... les enfants l'ont mangé !

— Laisse donc, interrompit Leblanc en appuyant Victor contre le lit, il a assez bu comme ça, et il rit d'un rire qui fit frémir Justine; les enfants se cachaient sous la couverture.

— Messieurs, murmura Justine, je vous remercie, voilà qui va mieux, je vais appeler un médecin, je vais...

— Madame veut être seule ! reprit Leblanc, allons-nous-en.... d'ailleurs.... c'est plus sûr pour nous !

Ils disparurent et laissèrent Justine avec son mari.

Justine s'assura que Victor n'avait pas reçu de blessures mortelles, qu'il pouvait parler, respirer, et elle remercia Dieu avec effusion; mais quand le médecin du bureau de bienfaisance qu'elle avait fait chercher par son fils, annonça que Victor avait reçu une contusion très-grave, lorsqu'il déclara que la guérison serait longue, qu'elle nécessiterait un repos absolu dans le lit; alors, un instant la révolte monta au cœur de Justine. Elle osa presque demander compte à Dieu de ses voies: Quoi! encore cette douleur! ce coup par-dessus les autres! Qn'allait-elle devenir? Le dernier morceau de pain mangé! pas une bûche, pas une falourde (on entrait en janvier)! Cent sous au plus à recevoir en paiement du travail qu'elle venait d'achever!... et Victor à soigner, à nourrir!...

— Envoyez votre mari à l'hôpital! dit le docteur.

Cette parole fit tressaillir Justine. A l'hôpital, loin de sa femme, de ses enfants, privé de leurs soins, entouré de personnes qui appartiennent à un autre culte, qui profiteront peut-être de sa faiblesse pour l'entraîner dans l'erreur!... le repousser tandis que Dieu le ramène, refuser le seul moyen d'exercer sur cette âme une influence chrétienne! oh! non, non! Ces pensées s'étaient succédées avec la rapidité de l'éclair dans l'esprit de Justine.

— Monsieur, répondit-elle d'une voix ferme au médecin, je garderai mon mari: Dieu qui me le rend dans cet état me donnera bien la force de subvenir à nos besoins.

Victor tendit à sa femme une main brûlante.

— Comme il vous plaira, dit le docteur en haussant les épaules, et il sortit après avoir posé un premier appareil.

Cette petite chambre était bien triste, avec ce malade couché sur un mauvais lit, avec ces pauvres enfants grelottant de froid, avec cette femme dénuée de tout! Eh bien, dans le cœur de cette femme il y avait de la paix! Son Sauveur invisible mais toujours présent la fortifiait: Ne crains point, crois seulement,[1] lui répétait-il. Appuie-toi sur ton Dieu, marche avec foi; quand les mères abandonneraient leurs enfants, moi je ne te délaisserai point.[2] Et Justine agenouillée pleurait, mais ses larmes étaient sans amertume, elle entrevoyait *le bord* des voies de Dieu,[3] elle se rappelait que la douleur est un appel du Seigneur, elle pressentait qu'un jour viendrait peut-être, où cette terrible soirée serait pour elle et pour Victor le sujet d'éternelles actions de grâces.

Dès le matin, Justine fit demander Mme Dubois; la fidèle amie des pauvres arriva, elle apporta des secours. Un pasteur fut appelé auprès du malade; ses entretiens avec Victor, les lectures de la Bible, les prières qu'il faisait auprès de lui, cette sympathie d'un homme qui connaît par expérience les affections de la famille, attiraient Victor à l'Evangile en dissipant chez lui beaucoup de préjugés, tandis qu'ils fortifiaient Justine.

Fréquemment, le zèle de celle-ci l'entraînait

[1] Luc VIII, 50. — [2] Psaume XXVII, 10. — [3] Job XXVI, 14.

trop loin, elle eût voulu faire entrer la foi, comme de vive force, dans le cœur du malade; mais ses amis modéraient cette ardeur dans ce qu'elle avait d'outré, et Justine apprenait que tout en travaillant sans relâche, il faut remettre au bon plaisir de l'Eternel, même l'accomplissement des désirs les plus chrétiens.

Victor, surtout dans les premiers jours, se montrait parfois impatient; il fallait à chaque instant quitter, pour le servir, un travail nécessaire à la subsistance de la famille ; il fallait endurer des reproches d'indifférence à l'instant même où, succombant sous la fatigue que lui causaient des nuits sans sommeil, des journées surchargées d'occupations, Justine pratiquait le plus absolu dévouement. Il lui semblait par moments que prières, méditations de la Parole de Dieu, affection, rien n'agissait sur son mari, et pourtant elle ne pouvait méconnaître les grâces de Dieu.

Justine souffrait de cruelles privations, il est vrai, mais ses enfants avaient-ils été privés de pain; les visites du médecin, les remèdes, les soins avaient-ils manqué à Victor?...

Justine déplorait des chutes fréquentes, c'est encore vrai; cependant, avec l'aide du Seigneur, elle triomphait de ses plus mauvais mouvements; la bonne nouvelle du salut par grâce pénétrait plus avant dans son âme, elle commençait à jouir de toute la liberté des enfants de Dieu.

La chambrette était nue, sombre; mais lorsque Justine répétait ces paroles de la révélation : « Dieu habitera son tabernacle avec les hommes, ils seront son peuple et Dieu sera lui-même leur Dieu, et il sera avec eux. Dieu essuiera toutes larmes de leurs yeux, et la mort ne sera plus, et il n'y aura plus ni deuil, ni cri, ni travail;[1] « toutes les gloires de l'éternité resplendissaient dans son âme, et revêtaient de leur éclat ces murs désolés.

Sans doute, Victor était encore loin de la vérité; tantôt accablé par les remords, il n'avait ni la force de chercher Dieu, ni celle de répondre à ses appels; tantôt léger, oublieux, rebelle, il échappait à sa conscience et éteignait le Saint-Esprit. Cependant, on ne pouvait méconnaître une sensible amélioration dans son âme. Il prenait souvent plaisir à lire la Bible lui-même, il s'associait aux prières qu'on prononçait près de son lit, il se sentait plus heureux depuis qu'il avait échappé à l'in-

[1] Apocalypse XXI, 3, 4.

fluence de ses compagnons de vice; enfin un respect profond, une tendre reconnaissance pour Justine remplissaient son cœur.

Les journées passaient vite, et qui le croirait, doucement pour le malade comme pour Justine.

Dès le matin, celle-ci nettoyait la chambre, envoyait les enfants à l'école; elle se mettait à l'ouvrage, veillait aux soins que réclamait son mari, écoutait les lectures qu'il lui faisait; puis les enfants rentraient, montraient tout joyeux les bons témoignages qu'ils avaient reçus; Victor, qui s'était proposé pour répétiteur, faisait redire les leçons; on prenait un repas bien modeste, et M. Jacquemin, dans ses bons moments, s'écriait en riant qu'il ne voulait pas guérir, qu'il n'était heureux et sage que sous la tutelle de sa femme.

La convalescence approchait cependant; lorsqu'elle arriva, lorsque le docteur fixa le jour où Victor pourrait reprendre son travail, le regret, la crainte émurent le cœur des deux époux. Victor avait peur de lui, Justine ne pouvait dire adieu sans un serrement de cœur, à ce temps où pour la première fois elle avait goûté quelques-unes des joies de l'union chrétienne; elle frémissait à la pensée des piéges qui attendaient Victor ; mais elle avait appris à connaître la fidélité du Seigneur, et, bien que troublée, elle lui abandonna pleine de confiance, la souveraine direction de cette âme.

CHAPITRE XII.

Une tentation.

Vers cette époque, c'est-à-dire trois ou quatre ans après son départ de Sainte-Agrève, Mme Dubois reçut de Louise Latour cette seconde lettre :

« Ma chère Madame,

» Il y a longtemps que j'ai besoin de converser avec vous comme autrefois, comme autrefois de vous demander quelques conseils.

» Avant tout il faut que je vous fasse part des changements survenus dans notre position.

» Peu après la mort de notre enfant bien-aimé, mon mari, qui s'apercevait que l'éducation de ses filles commençait à exiger des soins continuels, et qui souffrait de me sentir séparée d'elles par mes travaux au dehors, prit la résolution d'acheter un petit fonds d'épicerie et de mercerie, dont le débit devait m'occuper en me laissant la possibilité d'élever mes filles, dont le produit devait égaler, surpasser peut-être celui de mes journées de travail.

» Vous le savez, ma chère Madame, les membres de l'Eglise réformée ne sont pas nombreux à Saint-Agrève; il n'y a point d'école protestante, et plusieurs de nos coreligionnaires envoient leurs fils chez les Frères et leurs filles chez les Sœurs. Ni Antoine ni moi ne pouvions le faire : ou les enfants reçoivent dans ces établissements des doctrines romaines qui, se plaçant entre leur âme et l'Evangile, faussent leurs idées; ou bien soumis tantôt à l'influence d'un enseignement mêlé d'erreurs, tantôt à l'influence d'un enseignement purement biblique, que tous deux on leur présente comme également dignes de confiance, ils sortent de l'école et de la famille avec une indifférence complète.

» Le plan d'Antoine, qui nous permettait d'échapper à ces dangers, devait donc me sourire. Ma chère Madame, là s'est révélée toute la méchanceté de mon cœur.

» Des devoirs nouveaux, des difficultés à vaincre,

des risques à courir, des épreuves peut-être à soutenir, tout cela m'effrayait. Je venais d'expérimenter la bonté du Seigneur et je n'osais m'appuyer sur Lui. La peur de compromettre, de perdre le fruit de nos économies me rendait craintive; je me défiais de la prudence d'Antoine, je me défiais de la providence de Dieu.

» Enfin, après avoir beaucoup prié, Antoine exécuta son projet. Je ne me soumis qu'à contrecœur. Ce que je prévoyais ne tarda pas à arriver; nous eûmes à soutenir l'opposition du monde, nous passâmes par de mauvais moments, et moi... moi indigne, j'en éprouvai une satisfaction diabolique. J'aggravai les inquiétudes d'Antoine par mes propres angoisses que j'exagérais; au lieu de le consoler, je répétai sans cesse ces mots orgueilleux : *Je l'avais bien dit !*

» Nous nous étions imposé la règle de ne jamais vendre le Dimanche; cette résolution excita nos voisins contre nous : les uns virent dans cet acte un blâme impertinent de leur conduite, les autres une hypocrisie. Il est d'usage parmi les villageois de nos campagnes de se répandre dans le bourg au sortir de la messe et d'y faire leurs emplettes. Ils entraient chez moi, et lorsqu'ils voyaient que ni menaces ni prières ne pouvaient me décider à vendre du sucre, des chandelles ou du fil, ils s'en retournaient pleins de dépit.

» Antoine, lorsqu'il était présent, répondait avec douceur à leurs boutades; il leur expliquait les motifs de sa conduite, il en prenait occasion pour ouvrir la Bible et leur lire quelques passages de l'Ecriture-Sainte. Quelques-uns de ceux-là s'en allaient pensifs et revenaient un des jours de la semaine, plus peut-être pour s'entretenir avec Antoine de ces choses nouvelles, que pour acheter des provisions.

» Mais si mon mari tirait parti de sa position pour faire du bien, moi, Madame, mal disposée comme je l'étais, je marchais à fin contraire. S'adressait-on à moi le Dimanche, je répondais un *non* sec qui blessait nos chalands; me poussait-on à bout, je faisais quelque aigre leçon qui indisposait plus justement encore. Il en résulta que chacun, froissé de notre opiniâtreté, choqué de mes façons orgueilleuses, nous laissa là nous et nos marchandises, et que bon nombre des pratiques d'Antoine s'adressèrent ailleurs pour faire tisser leur toile.

» Notre situation était difficile; ne travaillant pas à la journée je n'apportais rien dans le ménage, et il ne restait plus à Antoine qu'une pièce de toile appartenant au fermier Giraud, dont il ne devait recevoir de l'argent qu'en échange de son ouvrage. Les privations arrivèrent ; oh ! ma chère Madame, je fus effrayée de l'égoïsme, de l'avarice de mon cœur ! à chaque instant, moi qui pensais pouvoir tout souffrir avec bonheur pour l'amour d'Antoine, à chaque instant je me plaignais de notre pauvreté, à chaque instant je rappelais l'aisance dont nous eussions joui s'il eût écouté mes prévisions. Mon mari faisait-il part de notre nécessaire à quelque être plus malheureux que nous ; recevait-il chez lui quelqu'un de ces colporteurs évangéliques, qui de loin en loin traversent nos campagnes en vendant la Bible et de bons livres, je me cachais arrière de ma chair, regrettant cette aumône, regrettant le *verre d'eau*, le morceau de pain que je tendais à *Christ* en la personne d'un de ses serviteurs.[1]

» Les leçons de mes filles, je ne les donnais que de mauvaise grâce, comme si j'avais voulu ôter à mon mari cette dernière satisfaction, de voir que l'exécution de son projet atteignait le but au moins en partie.

» Antoine se montrait triste, mais doux et ferme ; à mes craintes sur l'avenir, à mes reproches, il répondait humblement : Peut-être ai-je agi contraire-

[1] Saint Matth. X, 42.

ment aux intentions de Dieu ; c'était par imprudence et non par révolte. Pardonne-moi, Louise, et attends-toi à l'Éternel ; Il pourvoira à tous nos besoins.

» Bourrelée par les remords, sentant que je reculais à grands pas, je résolus de rompre avec mon péché ; je confessai mes torts à Antoine. Oh ! que cela me fit de bien ! Il m'écouta comme un père, il me ramena au culte secret que j'avais négligé ; ensemble nous remîmes à Dieu le soin de notre avenir, ensemble nous portâmes le fardeau de la pauvreté, de la contradiction des hommes, et il me sembla léger..... C'était le péché qui m'avait écrasée sous son poids, non l'épreuve.

» Bientôt l'on s'aperçut à Saint-Agrève que loin de nous plaindre avec amertume nous souffrions en silence, que loin de nous venger nous cherchions à rendre de petits services ; on revint à nous : d'abord quelques personnes, puis d'autres, et puis tout le monde, car l'on avait vite reconnu que nos marchandises étaient de qualité supérieure et que nous faisions bonne mesure.

» Maintenant la gratuité de Dieu éclate non-seulement à nos yeux, mais à la vue de tous ceux qui ont pris garde à ses voies. Il est, Il sera éternellement le libérateur, le rocher de ceux qui se confient en lui.

» Par moments j'éprouve encore des craintes; Antoine fait souvent crédit à de pauvres pratiques, il prête de petites sommes à des voisins nécessiteux, et mon méchant cœur s'inquiète alors, mais je regarde à Christ qui s'est donné lui-même pour nous; je vais à ma Bible qui me dit : Ne te détourne point de celui qui veut emprunter de toi.[1] Je repasse en mon cœur les délivrances de l'Eternel, et je me sens soulagée.

» Cependant, et je ne sais si les désirs, si les doutes que je vais vous exposer, ma chère Madame, sont encore une tentation; cependant il me semble que nous ne sommes pas ici à notre place; il me semble que mes forces, que les facultés d'Antoine pourraient trouver ailleurs un emploi meilleur; il me semble que tisser de la toile, vendre du fil, des aiguilles, du sucre et du savon, sont des occupations que le chrétien devrait laisser à ceux qui n'ont rien de mieux à faire, pour se consacrer corps et âme à l'avancement du règne de Dieu. Que de temps absorbé par ces œuvres toutes matérielles, nous pourrions donner à l'éducation spirituelle de nos frères. Que d'obstacles qui ralentissent nos

[1] Matth. V, 42.

progrès et qui ne nous retiendraient pas si nous rompions avec notre carrière terrestre pour entrer dans le champ de travail des missions, par exemple, ou de l'évangélisation parmi les catholiques-romains. La fausse honte ferme souvent ma bouche au moment même où je voudrais parler des grâces de mon Sauveur; mais si Antoine était missionnaire, évangéliste; s'il avait fait ainsi que moi son sacrifice *une fois pour toutes*, les considérations humaines qui m'arrêtent n'auraient plus le même pouvoir. Je me sens paresseuse au service de mes frères; le mauvais temps, un travail que je pourrais renvoyer, cent faux prétextes me retiennent au moment où ma conscience me dit d'aller visiter ce malade, cet indigent; de lire la Parole de Dieu à ce vieillard, d'adresser quelques paroles chrétiennes à mes pratiques, de leur offrir quelques traités religieux; rien de tout cela ne m'arriverait plus si nous entrions franchement au service du Maître.

» Ah ! ma chère Madame, souvent en imagination je me vois avec Antoine au milieu de quelque sauvage peuplade, dans une jolie cabane, tenant une école de petits enfants bien sages, enseignant aux femmes à coudre, à lire, à conduire leur ménage, à aimer leur mari; et tout cela marche si bien ! Les privations me paraissent douces alors, les obstacles tombent devant moi, rien ne me coûte plus! Et puis les bénédictions de Dieu n'abondent-elles pas sur celui qui a chargé sa croix pour suivre Christ?

» A tout cela Antoine secoue la tête. Il dit que Satan se déguise parfois en ange de lumière[1] pour nous détourner de la voie droite et simple; qu'il faut se donner à Dieu jour par jour avant de viser aux sacrifices extraordinaires; qu'il faut se montrer fidèle dans les petites choses avant d'aspirer aux grandes. Je sens qu'au fond il doit avoir raison, mais ces pensées me troublent, elles occupent tellement mon esprit que mon corps en devient paresseux. Oui, pendant que je convertis en imagination les sauvages, il faut vous l'avouer, Madame, je laisse à ma porte des frères, chrétiens de nom, vivre et mourir sans savoir que Jésus est le *chemin, la vérité, la vie, et que nul ne vient au Père que par lui.*[2]

» Et pourtant je crois mes désirs d'abnégation sincères. Dites-moi, ma chère Madame, ce que vous pensez là-dessus.

» Ma belle-mère fait de sensibles progrès; j'ai beaucoup d'inégalité dans mes rapports avec elle,

[1] 2 Cor. XI, 14. — [2] Jean XIV, 6.

mais depuis la mort de mon cher enfant je sens que mon affection pour Mme Latour s'est retrempée dans l'amour du Seigneur; la paix règne dans notre maison. Mes deux chères petites avancent aussi en piété, malgré les nombreux combats qu'elles ont à soutenir contre leurs défauts.

» J'ai vu plusieurs fois Clémence, ma chère Madame ; voilà une âme gagnée.... et peut-être deux. Elle a totalement changé de manière d'être avec son mari ; autant elle se montrait hautaine, rebelle, autant elle devient humble et prévenante. Le père Giraud est comme embarrassé, il cherche s'il n'y a point là-dessous quelque ruse dont Clémence se serve pour le duper ; il parviendra peut-être à deviner que toute l'envie de sa femme est de lui procurer l'éternel salut. Qui sait alors quel miracle ne produira point une telle découverte chez l'homme qui, jusqu'à cette heure, n'a voulu voir partout que calculs, que sentiments intéressés!

» Un cautionnement fait à la légère par Charles Maillard a précipité toute sa famille dans la ruine ; cette maison est un enfer, on n'y entend que blasphèmes et querelles. J'ai essayé d'y parler de la grâce de Dieu, j'ai été repoussée; prions de tout notre cœur pour ces infortunés. »

Un mois environ après avoir écrit les lignes

qu'on vient de parcourir, Louise Latour reçut cette lettre de Mme Dubois :

« Ma chère enfant,

» Ne vous séduisez pas vous-même ; examinez le désir que vous avez de vous consacrer d'une manière toute spéciale aux œuvres chrétiennes, et voyez si ce désir ne viendrait point d'un secret dégoût pour la vie modeste que Dieu a mise devant vous ; voyez si l'orgueil, si le besoin d'exercer une influence mieux reconnue, de faire parler de vous et de vos travaux ; voyez si la soif des émotions nouvelles ; voyez si des motifs très-humains en un mot, et fort éloignés du véritable esprit de renoncement, ne l'inspirent point.

» Oh ! oui, mon enfant, elle est bien belle l'existence des missionnaires qui quittent leur patrie, leurs parents, tout ce qu'ils connaissent et tout ce qu'ils aiment, pour s'enfoncer dans le sud de l'Afrique, pour se perdre dans les neiges de la Laponie, pour se mêler aux superstitieuses populations de l'Inde, aux féroces habitants des îles de l'Océan pacifique, et ne plus vivre qu'en vue de la gloire de l'Eternel, du salut de leurs frères païens ! Elle est belle l'existence de l'évangéliste, du colporteur, qui, n'ayant pas plus que son Maître un lieu fixe où reposer sa tête, parcourt nos contrées, expliquant la Parole de vie, enseignant les petits, souffrant tour à tour la contradiction et les outrages, le froid, le chaud, la faim !

» Si le Seigneur appelait votre mari, vous appelait à ce genre de dévouement, si cet appel était bien de Lui, je l'en bénirais et je vous en féliciterais, Louise, car je suis certaine qu'avec la vocation Il vous donnerait les forces. Mais, mon enfant, je ne reconnais pas la voix de Christ dans les invitations que vous croyez entendre, et je n'en veux pour preuve que les fausses idées que vous nourrissez sur la vie missionnaire, que l'oisiveté momentanée dans laquelle semble vous jeter cet insatiable besoin de renoncement.

» Mon enfant, quiconque veut bâtir une tour s'assied premièrement et calcule la dépense, pour voir s'il a de quoi l'achever,[1] c'est le Seigneur qui l'a dit. Vous voulez bâtir la tour ; connaissez-vous les matériaux dont elle doit se composer, avez-vous compté vos richesses?... Une *jolie cabane*, une école de petits enfants *bien sages*, des femmes païennes qui se laissent mieux diriger que ne le

[1] Luc XIV, 28, 29, 30.

feraient des Françaises... Louise, sont-ce là des réalités ou des rêves?...

» Rappelez-vous, mon enfant, rappelez-vous le sol aride de l'Afrique par exemple, les famines qui désolent le pays, la disette d'eau, les guerres féroces des habitants, l'enlèvement des troupeaux, la dureté de cœur de ces pauvres Béchuanas, l'indépendance sauvage de leurs femmes, la nudité, la saleté, l'indiscipline de ces petits enfants élevés dans les habitudes les plus grossières: comparez ces faits à vos illusions, et demandez-vous si vous vous sentez effrayée ou encouragée?

» Savez-vous que pour le missionnaire, comme pour le colporteur, il s'agit d'un rude service, d'une abnégation de tous les instants, de labeurs sans fin, quelquefois d'études profondes? Si l'obligation de vous déranger à chaque minute pour servir cette pratique et cette autre vous lasse, accepterez-vous avec joie, avec amour, les visites de pauvres païens qui entreront chez vous cent fois le jour, et vous arracheront à vos occupations les plus importantes, pour rien ou presque rien?

» Allez, mon enfant, ne cherchez pas un dévouement de loin, afin d'échapper au dévouement de près!

» Les secours de Dieu vous feraient là-bas surmonter toutes ces difficultés... Sans doute, mais ici, près de nous, ils vous feront triompher aussi des obstacles qui vous arrêtent.

» Méfiez-vous de l'inquiétude d'esprit, elle travaille au profit de la paresse. Il est plus aisé de repaître son imagination des œuvres qu'on accomplira, que de mettre chaque jour à exécution les œuvres que le devoir présent nous impose. Il est plus facile d'aspirer à la confession publique, glorieuse, sanglante même, qu'en qualité de disciple et de martyr de Christ on serait appelé à faire dans telle circonstance exceptionnelle ; que d'avouer aujourd'hui sa foi devant Pierre ou Jean, que de supporter demain quelque mauvaise plaisanterie pour l'amour de la vérité, que de souffrir des privations réelles, mais ignorées de tous.

» Vous seriez plus libre dans une situation différente!... Commencez, dans la situation où vous êtes, par vous libérer à l'égard de votre orgueil, de votre avarice, de votre indolence.

» Le sacrifice une fois accompli couperait tous les liens qui vous retiennent!... Mon enfant, Dieu veut un sacrifice ou plutôt un don renouvelé chaque jour ; il veut des ouvriers de franche volonté, de cœur joyeux, qui chaque matin se consacrent à Lui de nouveau et qui ne demandent ni à la forme, ni à la règle, une force qu'elles ne leur fourniront jamais.

» Si Dieu vous destine un plus vaste champ de travail, s'il entre dans ses desseins d'appliquer les facultés d'Antoine d'une manière plus directe et plus constante à l'avancement de son règne, soyez-en certaine, mon enfant, il vous appellera de telle sorte que vous l'entendrez bien. Mais sa voix, et je le répète, sa voix ne ressemble en rien à celle que vous avez écoutée.

» En attendant, Louise, préparez-vous à ce que Dieu peut un jour exiger de vous, en faisant tout ce qu'il vous demande à cette heure. Imitez saint Paul qui fabriquait des tentes[1] et que ce travail manuel n'empêchait pas de prêcher nuit et jour. Pour vous, il ne s'agit pas de prédication, les devoirs de disciple de Jésus ne vous feront jamais oublier les devoirs de la femme chrétienne, la modestie, la sobriété de paroles, l'obéissance. Mais à votre porte, il y a des œuvres qui vous sollicitent, donnez-leur vos soins.

» Ne vous bornez pas à présenter des traités reli-

[1] Actes des Apôtres XVIII, 1 à 4.

gieux aux chalands qui entrent dans votre boutique; ne vous bornez pas à leur déclarer que vous ne vendez point le Dimanche; quand l'occasion le permet, liez conversation avec eux, parlez-leur sans affectation du bonheur que vous donne votre foi, attachez-vous à leur faire aimer Jésus.

» Il y a autour de vous des pauvres, des malades, des affligés; à quelque communion qu'ils appartiennent, ils sont votre prochain; allez vous asseoir au chevet du lit de ceux qui souffrent, auprès de ceux qui pleurent; allez-y plus souvent, plus assidûment que vous ne le faites, portez-y plus d'amour, privez-vous d'une portion de ce que vous regardez comme votre nécessaire pour le leur offrir, et dites-vous qu'on est agréable au Seigneur en donnant selon ce qu'on a, et non selon ce qu'on n'a pas.[1]

» Une pauvre femme âgée, isolée, et qui recevait elle-même des secours, sortit un jour profondément triste d'un temple où elle avait entendu prêcher sur la charité fraternelle.

» — Quel beau privilége ont les riches! se disait-elle avec amertume, ils peuvent nourrir ceux qui ont faim, vêtir ceux qui ont froid!... Quel beau

[1] 2 Corinth. VIII, 12,

privilége ont les chrétiens doués d'une foi vive! ils peuvent toucher les âmes, ramener la paix dans un cœur troublé! mais moi... que donnerais-je?... de l'argent!... les aumônes qu'on me fait suffisent à peine à ma subsistance; des consolations pieuses?... hélas! ma foi est faible et j'ai moi-même besoin d'être fortifiée!... Elle s'en allait découragée et des larmes coulaient sur ses joues. — Voici comment Dieu lui répondit. Elle marchait la tête basse, accablée, lorsqu'elle heurta une vieille aveugle qui implorait la charité des passants : Ici est un être plus malheureux que toi! lui dit je ne sais quelle voix intérieure. Elle s'approcha, questionna l'aveugle, apprit d'elle que, récemment abandonnée par son mari, elle se trouvait réduite au désespoir; dès lors, s'attacher à cette infortunée, lui procurer des protecteurs, lui lire la Bible, prier pour elle, avec elle, ce fut l'occupation, l'intérêt, le bonheur de la pauvre femme dont je vous parle. L'Eternel a béni ses efforts, l'aveugle reçoit des secours, l'aveugle connaît l'Evangile, et les anges se sont réjouis dans le ciel.

» Voulez-vous un autre exemple. Je connais à Paris un paralytique, immobile depuis dix ans dans un lit de douleur et soutenu par la pitié, qui, à l'heure qu'il est, fait l'œuvre d'un infatigable évangéliste. Le garçon boulanger, le charbonnier qui lui apportent complaisamment l'un du pain, l'autre de l'eau et du bois; les voisins, leurs enfants, le portier, tous attirés par la douceur de cet homme, se réunissent autour de lui chaque Dimanche, quelquefois les jours ouvriers durant la soirée. Là, debout, ou assis sur le bord de son grabat, ils écoutent la parole de Dieu qu'explique le paralytique, ils chantent des cantiques qu'il leur a enseignés et ils prient. Jésus est là, Jésus s'est choisi beaucoup de disciples parmi ces petits de la terre.

» Après de tels faits, ma Louise, je n'ajoute rien; si, un mot encore.

» Saint-Agrève étant une annexe de B***, le pasteur, déjà surchargé par les occupations que lui donne une circonscription trop étendue, ne peut visiter assez fréquemment les membres de notre communion. Qu'Antoine s'offre à l'aider dans ses fonctions les plus modestes; monsieur Prévôt, je le sais, se réjouira de trouver un homme qui, à l'exemple des diacres de la primitive église, se voue au service des pauvres.

» Pourquoi n'inviteriez-vous pas à votre culte du Dimanche et vos voisins protestants et vos voisins catholiques? Ceux-là seraient fortifiés dans leur foi, ceux-ci apprendraient à connaître ce que sont des croyances uniquement fondées sur la Parole de Dieu.

» Pourquoi n'engageriez-vous pas quelques amis à prendre avec vous un abonnement à la Feuille des Missions de Paris, à la Feuille mensuelle publiée à Genève, à la Feuille religieuse du canton de Vaud ?.... Le récit des travaux de nos frères réchaufferait votre zèle, vous exciterait à la prière et vous éclairerait sur ce que le Seigneur veut de vous.

» Pourquoi n'engageriez-vous pas celles de vos voisines qui auraient à cœur l'avancement du règne de Dieu, à venir une soirée sur quinze travailler avec vous au profit de l'œuvre des missions, de l'œuvre biblique, de telle autre, tandis qu'Antoine ou leurs maris liraient tour à tour quelque fragment des journaux que je vous indique? Cela se fait dans plusieurs localités, et ces réunions fraternelles, tout en attirant les bénédictions de Dieu sur ceux qui y prennent part, enrichissent le trésor de nos entreprises chrétiennes.

» Vous le voyez, voilà du travail, voilà des devoirs pressants, nombreux; tous, ils demandent beaucoup de fidélité et beaucoup d'abnégation. Commencez l'œuvre dès aujourd'hui, mon enfant; dès aujourd'hui consacrez-vous absolument au Seigneur, et souvenez-vous-en, ma Louise, Marie ne fut pas tant louée de ce qu'elle avait brisé un vase d'albâtre, répandu un parfum de grande valeur sur les pieds du Seigneur, que de ce qu'en faisant cela, elle avait fait *ce qui était en son pouvoir.*[1] Ce qui était en son pouvoir! je laisse ces mots dans votre cœur, ils répondront désormais à vos désirs inquiets.

» Versez, mon cher enfant, versez aux pieds de Jésus vos modestes parfums, placez à gros intérêt *votre talent*,[2] et si un jour le Seigneur met en vos mains des senteurs précieuses, s'il y met *dix talents*... vous répandrez les unes, vous ferez valoir les autres avec la même joie.

» Dieu, dans sa bonté, vous a fait toucher du doigt les défauts de votre affection pour Antoine. Les contrariétés qui atteignaient votre égoïsme l'ont pour un instant dominée: c'est qu'il y avait en elle de l'idolâtrie, et que l'idole, ce n'est jamais celui qu'on croit aimer, c'est toujours soi-même.

» Dans quelque temps je serai, je l'espère, de retour à Saint-Agrève; alors, nous travaille-

[1] Marc XIV, 3 à 9. — [2] Matthieu XXV, 14 à 30.

rons ensemble dans ce petit champ..... trop grand toutefois pour nos forces, trop grand surtout pour notre zèle.

» Dites à ma chère Clémence que je bénis Dieu à cause d'elle. Adieu, au revoir. »

CHAPITRE XIII.

Chute et relèvement.

—

Pendant quatre ou cinq semaines, le ménage de Justine offrit l'aspect du bonheur. Victor se levait de grand matin pour se rendre à l'atelier, Justine lui préparait une soupe chaude ou du café, quelque chose enfin qui le restaurait et qui lui ôtait l'envie ou le prétexte d'aller dans le cabaret du coin boire de l'eau de vie avec ses camarades. Il avait commencé la journée sobrement, il la finissait de même. Ses compagnons, qui en arrivant le trouvaient à l'ouvrage, essayaient, il est vrai, de le détourner, tantôt en se moquant de son *obéissance* envers sa femme ; tantôt en lui proposant de *faire la noce*, c'est-à-dire de passer une journée dans la fainéantise et l'ivrognerie; rien de tout cela ne mordait sur Victor. A son retour, il trouvait un repas très-simple mais très-soigné, des enfants qui sautaient joyeusement à son cou, une femme heureuse de le revoir, reconnaissante de ses efforts; tout lui souriait, et son cœur le ramenait naturellement là où l'attendait tant de félicité et tant de paix.

Il continuait à lire la Sainte-Ecriture, à prier avec sa femme et ses enfants. Le Dimanche, il se rendait au culte; parfois une visite du pasteur venait le fortifier.

La légèreté de son caractère s'opposait encore à ce que les grandes vérités du christianisme pénétrassent à fond chez lui; son cœur n'était pas *converti*, il ne sentait pas assez l'amertume du péché, il ne s'inquiétait pas assez sérieusement de son salut; bien des questions de première importance restaient obscures à son esprit sans qu'il se souciât beaucoup de les éclaircir; cependant, il goûtait la Parole de Dieu, il subissait à quelque degré son influence bénie.

Il faut plus que du penchant pour la vérité, plus que des impressions religieuses pour défendre l'âme contre les envahissements du mal. « Lorsqu'un esprit immonde est sorti d'un homme, dit l'Ecriture, il va par des lieux arides, cherchant du repos, et il n'en trouve point; et il dit : Je retournerai dans ma maison d'où je suis sorti. Et quand il y vient, il la trouve balayée et ornée. Alors il s'en va et prend avec lui sept autres esprits pires que lui; et ils y entrent et y demeurent; et le dernier état de cet homme devient pire que le premier. »[1]

Prosper Leblanc, que le désir de se venger animait contre Justine, qui avait ses projets sur Victor et que le bonheur de ce ménage offensait comme une injure, Prosper Leblanc usa d'habileté pour se rapprocher de Jaquemin.

Repoussé plus d'une fois, il feignit de se ranger lui-même à des habitudes d'ordre, il revint alors à Victor, lui rendit quelques services, et fit appel à sa complaisance. Un jour que de compagnie ils se rendaient dans un château des environs de Paris pour y exécuter quelques ouvrages de menuiserie, Leblanc fit entrer Victor chez un marchand de vin; le lendemain, les jours suivants, on passa par la même route, on renouvela cette visite; puis Prosper proposa une journée de plaisir non loin de la barrière, puis il entraîna Jaquemin au spectacle, dans les bals publics, et bientôt il reprit tout son empire.

[1] Luc XI, 24 à 27.

Justine s'était vite aperçue de ce qui se passait ; pauvre femme! son cœur se déchirait. La brusquerie de Victor, le trouble de sa conscience qui s'exprimait par des caprices, par de la mauvaise humeur, par des accès de colère; l'influence de cet exemple sur les enfants, la froideur croissante de son mari pour elle ; cette félicité qu'elle avait un instant entrevue et qui fuyait pour la livrer au malheur, tout la navrait ; mais ce qui formait pour elle un plus constant et plus amer sujet de douleur, c'était l'avenir de Victor. Tant d'appels, et ce résultat !

Elle avait aussi ses tentations. Lorsque seule, durant les journées que Jaquemin passait dans la dissipation, elle travaillait au delà de ses forces afin d'acheter quelque nourriture pour ses enfants ; l'image de Victor, mangeant et buvant avec des hommes et des femmes de mauvaise vie, remplissait son âme d'indignation. — Je respecterais un tel homme! se disait-elle. Je lui obéirais!... je l'aimerais!... Moi qui ai déjà tant supporté, je serais donc éternellement dupe de ma patience!... Alors une invisible main déroulait devant elle le tableau de ses propres égarements. Elle se revoyait vivant avec Victor dans l'impureté; elle se revoyait près de devenir adultère ; elle voyait son Sauveur qui la venait chercher dans son abjection ; et laissant tomber son ouvrage, joignant les mains, levant vers le ciel un front couvert de confusion : Mon Dieu, s'écriait-elle, mon Dieu, pardonne.

Dès l'instant où Justine s'était aperçue de l'influence diabolique à laquelle cédait son mari, elle l'avait averti avec tendresse ; le pasteur s'était efforcé, lui aussi, d'arracher Victor à l'empire de Leblanc ; mais Victor, qui d'abord avait nié le fait de la tentation, qui avait répondu aux craintes qu'on lui manifestait par des protestations de vertu ; Victor s'était bientôt soustrait à toute conversation sérieuse, soit avec Justine, soit avec le pasteur. Le culte du soir, la prière en commun avaient totalement disparu. Victor, quand il rentrait, rentrait tard, las, grondeur ; il se jetait sur son lit et ne voulait rien entendre. Le matin, il ne prenait pas même le temps de manger le déjeûner que sa femme, levée avant lui, venait de préparer en toute hâte ; il sortait et souvent ne revenait pas de quelques jours. Depuis longtemps il n'apportait plus un sou ; Mme Dubois était partie, les secours qu'elle avait laissés au nom de Mme de Mallens tiraient à leur fin, et Justine, malgré toute son activité, parvenait à peine à vivre au jour le jour.

Un soir, Victor, dont l'humeur devenait de plus en plus farouche, entra brusquement et déclara qu'à l'heure même, il lui fallait de l'argent, tout l'argent que possédait sa femme !

Un orage s'éleva dans le cœur de Justine ! Retirer à sa famille le secours de son travail n'était donc pas assez pour Victor !... Ce n'était donc pas assez pour elle-même, que de subvenir seule à la subsistance de ses enfants !... il lui fallait encore se dépouiller des quelques sous si péniblement gagnés au prix de ses veilles !... et c'était Victor qui les lui arrachait, qui les arrachait à ses enfants affamés pour les jeter à quelque créature perdue, pour s'enivrer avec un Prosper Leblanc !...

Justine exaspérée se leva comme une lionne qui defend ses petits... mais ces mots de Jésus : A celui qui te frappe sur une joue, présente-lui aussi l'autre ; et si quelqu'un t'ôte ton manteau, ne l'empêche point de prendre aussi la tunique,[1] ces mots l'arrêtèrent tout à coup.

— Non, s'écria-t-elle intérieurement, je ne ferai pas le mal pour qu'il en arrive du bien, je ne manquerai pas à la soumission conjugale par amour pour mes enfants !... puis elle s'avança vers la

1 Luc VI, 29.

commode, ouvrit un tiroir et prenant deux pièces de cent sous soigneusement enveloppées : Tiens, Victor, dit-elle d'une voix émue et sans le regarder, parce que ses yeux étaient pleins de larmes, tiens, voici mon gain de deux semaines... je n'ai plus avec cela que ces vingt sous... prends tout... si tu en as besoin.

Victor hésita, se troubla... un instant il fut sur le point de jeter l'argent loin de lui, de serrer Justine dans ses bras, de lui demander pardon... mais Prosper Leblanc l'attendait... il détourna la tête, saisit les deux pièces de cinq francs, laissa les vingt sous et sortit sans jeter un regard à Justine qui tombait sur une chaise, pâle, anéantie.

La misère alla croissant. Justine avait porté l'un après l'autre tous ses effets au Mont-de-Piété ; plusieurs fois elle avait été mise à la porte, faute de pouvoir à temps payer le propriétaire; son cœur était dans le creuset, mais il s'y épurait, mais au travers de ses souffrances, elle éprouvait une sérénité que ne peuvent comprendre ceux qui ne savent ce que c'est que de posséder *un Sauveur*, que de souffrir sous les yeux de cet ami, que d'avoir cette certitude qu'*Il a porté nos langueurs et s'est chargé de nos douleurs.*[1]

[1] Esaïe LIII, 4.

Plus la pauvreté s'accroissait, plus Justine travaillait. Elle ne dormait que quatre heures par nuit et ne mangeait que ce qui lui était indispensable pour conserver des forces. Le pasteur et sa femme la secouraient selon leurs moyens. L'ouvrage ne lui avait pas encore manqué; ses joues blanches, sa maigreur indiquaient, il est vrai, un état de souffrance, mais elle pouvait coudre sans interruption. Sa chambre triste, glacée, ne contenait plus qu'un lit de paille pour elle, un autre pour ses enfants, deux chaises, le poêle, un vieux chandelier et un pot de fer dans lequel elle faisait cuire quelques haricots; sur une tablette on voyait la Bible; deux ou trois vieux vêtements pendaient au mur, quelques cuillères et quelques fourchettes d'étain brillaient sur le rebord de la croisée, et c'était tout... Mais la propreté, mais l'ordre qui régnaient là, parvenaient à égayer un peu ce mélancolique réduit.

A la fin d'un beau jour de printemps, Justine revenait chez elle après avoir porté son ouvrage chez la marchande qui le lui payait toutes les semaines; elle montait lentement l'escalier, car elle était faible, lorsqu'un homme, Prosper Leblanc, la renversa presque en descendant sans la voir, tandis qu'un autre, Victor, à l'aspect inattendu de sa femme, rentra brusquement dans la chambre. La porte avait été forcée; Victor debout, immobile, un gros volume sous le bras, restait comme frappé de stupeur. Justine tremblante avait jeté un regard étonné sur la serrure arrachée, sur son mari, sur le volume.... Ma Bible! s'écria-t-elle en s'élançant vers lui; puis elle reprit plus doucement quoique d'une voix altérée : Victor, notre Bible de mariage! Victor laissa tomber le livre, Justine le prit avec respect, le serra contre son cœur, l'ouvrit et, presque sans le savoir, lut tout haut ces mots écrits par le pasteur sur la première page blanche : « Comme donc l'Eglise est soumise à Christ, que les femmes le soient de même à leurs maris, en toutes choses. Et vous, maris, aimez vos femmes comme Christ a aimé l'Eglise et s'est donné Lui-même pour elle.[1] Car que sais-tu, femme, si tu ne sauveras point ton mari? ou que sais-tu, mari, si tu ne sauveras point ta femme? »

— Je suis un brigand, s'écria Victor, en se frappant le front avec violence; je suis un brigand! puis saisissant Justine par le bras : Ecoute, lui dit-il hors de lui, ce que tu as de mieux à faire pour m'empêcher d'aller jusqu'au bout, c'est d'appeler

[1] Eph. V, 24, 25. — [2] 1 Cor. VII, 16.

la police ! Tiens... vois-tu... j'ai forcé ta porte avec ce damné Leblanc.... Vois-tu... je te prenais ta Bible pour la vendre... Vois-tu... je t'ai dépouillée de tout, je suis un brigand, je te le dis; viens, viens donc, il n'y a que ce moyen d'en finir !

— Victor, Victor ! le pardon de Dieu n'est-il pas pour toi ?

— Pour moi ? l'enfer !

— Victor, mon ami ! retourne-toi de bon cœur vers l'Eternel, Il ne te repoussera pas.

Victor haussa les épaules.

— Avant que tu fusses au monde, n'avait-Il pas donné son Fils pour toi ?

— C'est trop tard ! j'ai connu la vérité et je l'ai rejetée; à présent je chercherais Dieu mille ans que je ne le trouverais pas.

— Oh ! tu le trouveras, mon pauvre Victor ! Sa main ne se montre-t-elle pas ici, n'est-ce pas le Seigneur qui m'a ramenée au moment...

— Au moment où je faisais sauter ta porte, où je *volais*, s'écria Victor avec un rire farouche.

— Eh bien oui, Victor, au moment où tu *volais*, comme avait volé le brigand qui sur la croix s'écriait : « Seigneur, souviens-toi de moi quand tu viendras dans ton règne ! » le brigand auquel Jésus répondit : « En vérité je te dis qu'aujourd'hui tu seras avec moi en paradis. »[1]

— Justine, plus tard, oui, plus tard tu me parleras de miséricorde, je pourrai peut-être t'entendre; mais à présent... à présent sauve-moi. Si je reste ici, je suis un homme perdu! J'avais un rendez-vous ce soir avec Leblanc, demain il reviendra. Tu ne sais pas quel chemin j'ai fait, tu ne sais pas qu'il y a un coup monté, que je dois en être, que....

— Mon Dieu, mon Dieu! cria Justine en tombant à genoux. Après une secrète prière : Victor, dit-elle plus calme, il nous reste un moyen; partons, fuyons la tentation, allons dans mon pays, à Saint-Agrève; allons-y à pied, les enfants marcheront bien; s'ils sont las, nous les porterons, je suis encore forte. Voici cent sous, et puis le pasteur nous tendra la main; le veux-tu, Victor?

Victor sans parler embrassa fortement sa femme. Après un instant de silence :

— Ne tardons pas, reprit-il à voix basse; demain plutôt qu'après-demain.... Je me connais.

A l'heure même ils se rendirent chez le pasteur. Celui-ci les fortifia dans leur bonne résolution, il

[1] Luc XXIII, 42, 43.

leur remit tout ce dont lui permettaient de disposer la médiocrité de sa fortune et les besoins de plusieurs centaines de malheureux qui s'adressaient sans cesse à lui. Sa femme, digne servante du Seigneur, se dépouilla d'une partie de ses effets pour en grossir le petit paquet de Justine; chacun des enfants du pasteur voulut se priver, celui-ci de quelques sous, celui-là d'un vêtement pour les enfants de Victor; on joignit à tout cela des provisions de bouche, et Justine, le cœur inondé de joie, Victor ému jusqu'au plus profond de son être, retournèrent chez eux chargés de ces dons. Les pauvres enfants battaient des mains à l'idée d'aller à la campagne, bien loin, bien loin; ils examinèrent avec des éclats de joie que nous voudrions faire entendre aux riches de ce monde, les trésors que renfermait le paquet; avant de se coucher on ouvrit la Bible et on lut le beau psaume qui commence par ces mots : « L'Eternel est ma lumière et ma délivrance; de qui aurais-je peur? L'Eternel est la force de ma vie, de qui aurais-je frayeur?[1] » Les sanglots de Victor interrompirent une ou deux fois Justine, dont la voix tremblait, émue par la gratitude et par l'espérance. On pria; Victor, qui pour

[1] Psaume XXVII, 1.

la première fois peut-être mesurait l'étendue de son iniquité, aurait voulu s'anéantir sous le regard si tendre que jetait sur lui le Sauveur.

Le lendemain, de grand matin, après une courte nuit durant laquelle personne, pas même les enfants, n'avait dormi, on partit. Grâce aux dons du pasteur on prit la diligence jusqu'à Orléans; arrivé là on se mit à pied, marchant de bon courage sur une route que bordaient des pommiers en fleurs : Justine l'âme rayonnante, les enfants heureux de tout, même de la fatigue; Victor repassant dans son cœur les derniers événements, triste, silencieux, souvent la rougeur au front, mais reconnaissant aussi, et soutenu par la tendre affection de Justine.

CHAPITRE XIV.

A chaque arbre son fruit.

—

Le retour de Mme Dubois à Saint-Agrève fut plein de douceur pour elle, plein de douceur pour la famille Latour et pour Clémence.

Antoine et Louise marchaient d'un cœur droit devant l'Eternel; aussi voyait-on naître les œuvres autour d'eux. Sans doute ils avaient leurs moments de tiédeur et de révolte, mais quand ils priaient leur âme parlait le même langage que leurs lèvres, et le Seigneur les comblait de ses dons spirituels; le Consolateur, le Saint-Esprit les remplissait de toute joie.

Antoine, d'après le conseil de Mme Dubois, avait invité ses voisins à se réunir chez lui le Dimanche soir, autour de la Parole de Dieu. Ces simples méditations faisaient descendre la lumière dans beaucoup d'âmes; les uns s'inquiétaient de leur avenir, les autres prenaient goût à la lecture de la Bible, plusieurs ajoutant foi aux promesses de Christ avaient accepté son pardon. Tous ceux-là, pressés par l'amour de Dieu, s'étaient demandé : Que faut-il que nous fassions pour servir le Seigneur? Et peu à peu on avait organisé des réunions de travail, dont on consacrait le produit à soutenir plusieurs œuvres chrétiennes. Une souscription à un sou par semaine s'était aussi formée en faveur des missions et de la Société évangélique; chaque membre de l'Eglise, désireux de faire prêcher l'Evangile parmi les païens, de le répandre au sein des populations chrétiennes qui ne le possèdent pas, mettait à cet effet un sou de côté tous les Dimanches. Un sou, c'est peu de chose, on ne s'aperçoit pas qu'il manque dans la bourse, et pourtant ces sous réunis à d'autres, forment des centaines, des milliers de francs! Chaque mois Louise allait recueillir ces dons; elle portait aux souscripteurs une feuille mensuelle (les *Archives évangéliques*), qui leur fournissait d'intéressants détails sur les entreprises pieuses auxquelles ils s'associaient. Les enfants eux-mêmes plaçaient leur sou dans la boîte du Dimanche; les jeunes filles se privaient de quelque ornement, les hommes d'un peu de tabac ou de poudre à tirer pour accroître le trésor; plus on donnait plus on se sentait heureux, et il n'y avait pas un sacrifice offert, pas une douleur supportée, pas une fatigue affrontée pour l'amour du Sauveur, qui n'attirât d'abondantes grâces sur le troupeau.

On ne s'était pas borné à travailler pour des frères inconnus, éloignés; on avait compris la nécessité de porter l'Evangile près de soi. Chacun cherchait à agir sur ses amis, à leur faire part des bénédictions qu'il avait reçues. De là était résulté un mouvement religieux très-prononcé, mais de là aussi était résultée une opposition violente : ce bouillonnement, ce frémissement, que produit le subit contact de l'eau froide avec un fer rouge.

Quelques personnes en étaient ébranlées dans leur foi, beaucoup s'en trouvaient fortifiées.

En face de la haine, du mépris qu'ils inspiraient au grand nombre, les *exagérés*, les *exaltés*, comme on les appelait, s'étaient d'abord sentis étonnés, presque scandalisés; puis ces paroles du Sauveur : « Le serviteur n'est pas plus grand que son maître. S'ils m'ont persécuté, ils vous persécuteront aussi; »[1]

[1] Jean XV, 20.

ces paroles, qui ne prennent tout leur sens qu'au moment de la lutte, avaient éclairci leur position; maintenant ils restaient paisibles et fermes.

Que de difficultés! S'il fallait de la force, il fallait de la douceur aussi. S'il fallait *en temps* et *hors de temps* [1] confesser sa foi, il fallait se garantir du zèle imprudent, de la précipitation charnelle. S'il ne fallait faire aucune concession à l'erreur, il fallait supporter l'homme égaré. S'il fallait *éprouver les esprits* [2] il fallait se préserver de la manie de juger et de condamner.

Justine avait beaucoup à combattre. A mesure que les besoins religieux se manifestaïent à Saint-Agrève, Antoine voyait des obligations nouvelles se placer devant lui. Les sacrifices de temps, d'argent, d'affection même, allaient se multipliant. Souvent M. Latour devait quitter Saint-Agrève et consacrer un jour ou deux à visiter des familles isolées, à leur porter l'Evangile, à le leur expliquer. Pendant ce temps, le métier restait immobile; pendant ce temps, privée de l'ami qui était sa seconde âme, inquiète lorsqu'elle entendait le vent, la pluie, et qu'elle

[1] 2 Timothée IV, 2. — [2] Première Epître de Jean IV, 1.

pensait à son cher voyageur ; attristée lorsqu'Antoine revenait épuisé de fatigue, Justine éprouvait la faiblesse, nous dirions presque la vanité de son dévouement chrétien ; elle se rappelait sa trompeuse soif d'un renoncement plus absolu, et, tout en souffrant, elle bénissait Dieu des leçons qu'Il lui donnait.

Antoine la fortifiait aussi. Il blâmait la séparation entre mari et femme ; il n'approuvait pas les époux qui, poussés par de frivoles motifs ou par l'appât du gain, vivent éloignés l'un de l'autre, et s'exposent ainsi à de graves dangers spirituels, perdent l'habitude de la vie en commun, négligent des obligations du premier ordre ; mais il sentait, mais il lui faisait sentir qu'il est des moments où le Seigneur lui-même nous appelle à faire fléchir pour un temps et dans une certaine mesure les saintes règles qu'Il a établies, et tous deux s'en remettaient à Jésus du soin de les soutenir dans l'épreuve, de les guider dans la route de l'abnégation.

Les visites du pasteur ranimaient le zèle du troupeau et le purifiaient en même temps ; en sentinelle vigilante il avertissait le camp, tantôt des approches de cet ennemi, tantôt des ruses de celui-là. Il prémunissait ses enfants contre le relâ-

17.

chement, contre les tromperies de l'imagination, contre le retour à la religion de formes, contre l'entraînement à une indépendance orgueilleuse. Il fallait faire bonne garde ; il fallait d'une main tenir la truelle et réédifier les murs de Jérusalem, de l'autre saisir l'épée et se défendre contre les adversaires.[1] — Mais la victoire n'est-elle pas déjà remportée par le consommateur de notre foi?....

Les chrétiens de Saint-Agrève le savaient, c'est pour cela qu'ils se montraient joyeux dans l'espérance, paisibles et forts au milieu de la bataille.

Clémence était un des membres les plus fidèles de la petite église. En lui manifestant sa justice, puis sa miséricorde, en la laissant un instant écrasée sous le poids de ses péchés pour la relever par la main de Christ, Dieu avait transporté loin d'elle beaucoup de montagnes qui lui barraient le chemin. Plus elle renonçait à ses anciennes idoles, à sa volonté, à son indépendance ; plus ses devoirs se simplifiaient. Lorsque, plongée dans le sentiment de sa misère, elle disait d'un cœur humble : « Mon Dieu, je ne puis rien faire de moi-même, *accomplis ta force dans ma faiblesse* ; »[2]

[1] Néhémie IV, 17 à la fin. — [2] 2 Corinth. XII, 9.

elle respirait plus librement, elle se sentait dégagée de ses péchés d'habitude, la joie remplissait son cœur.

Le père Giraud, étonné de trouver en elle prévenances, soumission, humeur égale, ne pouvait s'empêcher de témoigner parfois sa satisfaction.

Il avait longtemps affecté de ne voir dans cette nouvelle naissance que l'effet d'une ruse ou d'un caprice; les découragements, les fautes fréquentes de Clémence semblaient, au premier abord, justifier une telle opinion ; cependant, malgré ses chutes, on sentait vivre au fond de la conduite de Clémence un principe toujours le même, on pouvait suivre la marche lente mais réelle des progrès, et il n'y eut bientôt plus moyen de nier l'amélioration.

Lorsque Clémence avait offert à Giraud de l'aider dans ses calculs, il s'était moqué d'elle; puis il avait essayé de l'employer, puis, satisfait de son exactitude, il avait profité de ce qu'il appelait une *fantaisie*; enfin, touché de sa persévérance, il s'était à deux ou trois reprises félicité devant elle de posséder un *si habile secrétaire!*

Durant quelques mois, Giraud avait semblé ne pas s'apercevoir des soins que Clémence apportait dans l'arrangement de son ménage. Le jour où, renonçant à ses anciennes habitudes d'indélicatesse, elle était venue lui apporter quelques livres de cocons, quelques mesures de blé cachées avec soin, une somme de vingt francs, gagnée au moyen de ventes illicites ; Giraud l'avait regardée d'un œil surpris ; puis un ironique sourire sur les lèvres, il avait pris, sans mot dire, l'argent, le blé, les cocons, tirant parti de la *duperie* de sa femme avec une véritable joie d'avare. La charité de Clémence, qui souvent la portait à se priver d'un repas pour le donner à quelque voisin pauvre ou malade ; son zèle chrétien qui lui avait fait trouver de la douceur à vendre sa chaîne d'or et ses boucles d'oreilles, afin d'en consacrer le prix à diverses œuvres évangéliques ; tout cela n'avait eu d'autre résultat, il le semblait du moins, que d'exciter les moqueries du père Giraud. Et pourtant, à son insu, tout cela agissait sur lui. Il se laissait entraîner à causer avec Clémence de ses intérêts, de ses projets. Une fois, il l'avait consultée sur quelques réparations à faire, et il lui arrivait de temps à autre d'appuyer, par un mot ferme, l'influence de sa femme sur les enfants.

Pendant les soirées d'hiver, Clémence avait essayé de faire lire tout haut, par ses fils, des livres instructifs et religieux. Thomas s'y était prêté de mauvaise grâce; Pierre, tout en protestant que cela l'ennuyait fort et qu'il n'obéissait que par contrainte, s'intéressait cependant à cette occupation et y mettait de la bonne volonté. Les ouvriers de campagne, après avoir quelque temps babillé, après s'être endormis, maintenant écoutaient de toutes leurs oreilles les récits de voyage, les vies d'hommes pieux, les explications d'histoire naturelle qu'on leur faisait entendre; et Giraud. qui naguère allait se coucher quand on ouvrait le livre, Giraud peu à peu avait retardé son départ, puis était resté tout à fait, puis avait fini par donner lui-même le signal de la lecture.

Clémence s'était attachée à faire pénétrer la vérité dans l'âme de ses enfants. Thomas ne lui montrait pas plus de confiance qu'auparavant, il l'écoutait, il se montrait obéissant, mais le cœur restait cuirassé. On sentait qu'entre le jeune homme et la mère un mur s'était élevé; on sentait qu'une domination étrangère avait supplanté la domination naturelle.

Pierre faisait d'inouïs efforts pour échapper à l'action religieuse de Clémence; cependant il aimait tendrement sa mère; pour lui plaire, il lisait assidûment l'Evangile, il priait à ses côtés et, dans ses bons moments, il écoutait avec une sorte d'attention les affectueuses exhortations de Clémence. La semence était jetée à pleines mains dans cette âme; quelques grains y tombaient, peu y levaient, mais la tendre mère regardait au Seigneur avec confiance.

Quoiqu'elle possédât la paix, Clémence avait des *échardes en sa chair*.[1] L'avenir de son mari, de ses enfants, troublait son âme; le tableau d'une union chrétienne que lui présentaient sans cesse Antoine Latour et sa femme, remplissait son cœur de sentiments douloureux ; ses propres misères souvent l'accablaient.

Elle avait, comme tous les chrétiens, des moments où la certitude du salut par Christ lui échappait, où elle se voyait de nouveau ballottée entre un vague espoir de pardon et la crainte d'une condamnation éternelle. Elle avait des heures de sécheresse où elle ne trouvait rien à dire au Seigneur, où la lecture des plus beaux passages de la Bible la laissait froide. Puis l'ancienne Clémence, hautaine, indépendante, reprenait le dessus et venait tout gâter; ou bien encore, dans l'espoir de ga-

[1] 2 Corinth. XII, 7.

gner l'âme de son mari, la pauvre femme faisait des concessions de principes qui tournaient au détriment de la vérité, et lui causaient plus tard de vifs remords; comme ce Dimanche où, l'orage menaçant d'éclater, elle avait elle-même aidé à recueillir le foin, violant le commandement de Dieu : « Tu ne feras aucune œuvre ce jour-là. »[1] L'orgueil n'était pas absolument dompté chez la fermière, et lorsqu'elle allait porter une portion de son dîner à quelque malheureux, lorsqu'elle passait la nuit auprès d'un malade, il murmurait à son oreille des paroles flatteuses, ou l'entretenait du bien que les voisins devaient dire et penser d'elle.

Ces épines de la route étroite déchiraient Clémence comme elles déchirent tous ses compagnons de voyage; mais nous l'avons dit, elle avait la paix, parce qu'elle connaissait son Sauveur.

Justine et Victor, lorsqu'ils arrivèrent, trouvèrent de la protection auprès de leurs anciens amis, particulièrement auprès de la famille Latour et de Clémence. Les privations souffertes à Paris, l'excès du travail, les fatigues de la route

[1] Exode XX, 10.

avaient affaibli la santé de Justine ; elle fut tendrement soignée par ses anciennes compagnes. Victor, dépaysé, éloigné des séductions d'une grande ville, se sentait plus fort. Antoine Latour, après s'être efforcé de lui procurer quelque ouvrage de menuiserie, entreprit avec lui une étude sérieuse de la Bible, qui, en jetant une vive lumière sur la justice et sur la miséricorde de Dieu, éclaira Jaquemin sur la corruption de son propre cœur, et lui fit comprendre la nécessité de posséder une foi vivante. Il était encore faible, encore variable ; Justine tremblait lorsqu'elle le voyait fatigué d'un travail assidu, se rapprocher des fainéants du village; mais le Seigneur veillait, elle le savait, elle redoublait de prières, d'affection, et Victor reprenait le dessus.

Mme Dubois essaya d'adoucir les peines de Rose Maillard, en lui témoignant de la sympathie chrétienne.

— Je suis assez malheureuse dans ce monde pour avoir ma récompense dans l'autre, répondit sèchement Rose.

— Hélas! mon enfant, le malheur n'efface rien; il n'y a qu'un Sauveur, qui est Christ ; qu'une expiation, celle qu'Il a faite de nos péchés sur la croix: « C'est moi, c'est moi qui efface tes iniquités pour l'amour de moi! » [1]

— Jésus a dit : « Heureux ceux qui pleurent » [2] répliqua Rose pleine de dépit.

— Je crois, mon enfant, qu'il le dit à ceux qui pleurent leurs fautes, qui ont le cœur brisé à cause de leurs péchés; à ceux qui acceptent les décrets du Seigneur et les adorent, même lorsqu'ils leur paraissent cruels. — Rose, si vous pouviez pleurer ainsi, vous courber ainsi sous la main de Dieu, chercher les fruits de l'épreuve, il y aurait encore beaucoup de bonheur pour vous ici-bas, et dans le ciel, la vie éternelle. Mais Rose offensée rompit l'entretien et garda son orgueil, sa colère, son agitation, toutes les misères attachées à la révolte contre Dieu.

[1] Esaïe XLIII, 25. — [2] Luc VI, 21.

CHAPITRE XV.

L'âme enchaînée, l'âme délivrée.

—

Quelques années s'étaient écoulées; souvent Louise Latour, Clémence, Justine témoignaient à la digne Mme Dubois leur reconnaissance pour ses conseils pieux, et Mme Dubois, à qui chaque jour enseignait mieux ce que c'est que la sanctification et ce que c'est que la malice du cœur de l'homme, Mme Dubois leur répondait : « Chères enfants, je suis pécheresse comme vous, j'ai comme vous beaucoup à combattre, comme vous j'ai souvent offensé, j'offense souvent encore mon Sauveur, toute force vient de Lui, toute lumière du Saint-Esprit; ne vous attachez donc pas aux paroles d'une pauvre servante de Christ, mais allez à Christ ! »

Clémence, chez laquelle la vie évangélique s'était développée à un étonnant degré, remarquait, depuis quelque temps, une amélioration sensible autour d'elle. Les domestiques de la ferme, autrefois rebutés par sa hauteur, maintenant l'aimaient et prenaient plaisir à suivre ses directions; deux d'entre eux paraissaient très-près de devenir vraiment chrétiens. Son plus jeune fils lui rendait caresses pour caresses; par moments il semblait céder aux appels de Dieu. L'autre, hélas! se tenait toujours à l'écart; il avait des égards pour Clémence, il remplissait régulièrement ses devoirs de travailleur, cependant ni son frère ni surtout sa mère ne possédaient sa confiance. L'indifférence religieuse de l'un le faisait souffrir, l'hérésie de l'autre le scandalisait; mais il avait plutôt une obéissance aveugle pour son église qu'une foi vivante et positive en elle; il ne tentait aucun effort pour arracher sa mère à ce qu'on lui faisait envisager comme une erreur damnable, et quant à son père, il ne cherchait pas tant à ranimer chez lui des convictions chrétiennes qu'à le ramener aux pratiques du catholicisme romain. Thomas avait peur de Dieu, de ce Dieu qu'on apaise au moyen de pénitences douloureuses, qu'on n'ose aborder que par l'intermédiaire des saints;

Thomas, par conséquent, n'éprouvait pas un ardent besoin d'amener les autres à cette religion qui ne lui donnait ni paix ni joie; seulement il s'effrayait de l'influence qu'exerçait le christianisme fervent de sa mère, et s'efforçait de mettre lui-même et son père en garde contre l'action de l'Evangile.

Le père Giraud avait fait quelques pas; la soumission, l'amitié de Clémence le touchaient.... autant qu'un cœur endurci par l'habitude de l'avarice et de l'égoïsme peut se laisser toucher. Les progrès de Clémence, qui chaque année allaient croissant, lui arrachaient lorsqu'il y pensait cette exclamation : « Les protestants valent mieux que nous !.. » mais il y pensait le moins possible, parce que ces réflexions l'amenaient devant son propre péché, qu'elles le plaçaient en face de la justice, de la grâce divine, et que tout cela le mettait mal à l'aise.

Clémence lui parlait avec liberté du bonheur qu'elle éprouvait à se sentir une enfant rachetée de Christ, du calme avec lequel elle envisageait toutes choses, de la confiance avec laquelle elle attendait son dernier jour. Souvent elle le pressait affectueusement de chercher lui aussi l'Eternel. Il l'entendait, agenouillée le soir près de son lit, prier pour ses enfants et pour lui ; tout cela travaillait sourdement son cœur, et tantôt pour obéir à un impérieux besoin de sa conscience, tantôt pour faire plaisir à sa femme, tantôt dans la pensée très-fausse, très-coupable, mais très-commune, de se mettre en règle de tous les côtés, de se faire un peu protestant pour le cas où la religion qui ne s'appuie que sur la Bible serait la vraie, de rester un peu catholique pour le cas où le culte qui s'appuie sur la tradition et sur les imaginations humaines serait le bon ; Giraud permettait à Clémence de lui lire de loin en loin quelques versets de l'Ecriture-Sainte.

Dans ses bons jours, dans les jours où la conclusion d'une affaire avantageuse le mettait en belle humeur, où quelque attention de Clémence le disposait en sa faveur, il allait jusqu'à s'écrier, en lui tapant sur l'épaule : « Voyons, voyons, petite femme ! faut rendre quelque chose au bon Dieu ; dis-moi tes prières. » — Clémence alors ne « disait pas ses prières, » car dire ses prières, dans l'esprit de Giraud comme dans celui de beaucoup de catholiques, c'est murmurer un certain nombre de fois un certain nombre de mots, souvent même de mots latins ; mais attentive à cet ordre du Seigneur : « Quand vous priez, n'usez

» point de vaines redites ! » [1] Clémence se recueillait en la présence de son Père céleste, et allant droit à Lui, ne s'appuyant pour s'en faire écouter que sur le nom de Christ, elle répandait son cœur devant la Trinité sainte, demandant ce dont elle avait besoin, rendant grâce pour ce qu'elle avait reçu, s'humiliant à cause de ses péchés, se réjouissant avec les anges et les élus de ce qu'un Sauveur nous est né, implorant avec ferveur sur toute sa famille les grâces du Seigneur.

Oh ! qu'elle se sentait doucement émue quand, après ces courts instants d'union chrétienne, elle apercevait une fugitive trace d'émotion sur les traits de Giraud !

Cette joie dura peu. Comme en un de ces matins où l'aube qui blanchit à l'orient voit tout-à-coup ses clartés naissantes obscurcies par les vapeurs qui s'élèvent de la terre, l'âme du fermier un instant éclairée, s'enveloppa de nouveau de toutes les ténèbres de l'erreur.

Thomas, épouvanté de la complaisance que mettait son père à lire cette Bible, terreur de Rome, avait raconté dans la confession tout ce qu'il savait des rapports religieux de Clémence avec Giraud,

[1] Matth. VI, 7.

Les prêtres se rapprochèrent du fermier, ils le visitèrent plus régulièrement, ils lui remirent en mémoire les prescriptions de l'Eglise ; Thomas, qui se sentait soutenu, employa pour dominer son père les moyens dont on s'était servi pour l'assujettir lui-même, il s'efforça de le troubler en lui parlant de l'enfer et du purgatoire, de le tranquilliser en lui parlant de l'efficacité des pénitences et de la puissance de l'absolution donnée par un homme ! Giraud se souvenait bien de certaines déclarations de la Bible qui contredisent évidemment ces doctrines romaines, de celles-ci par exemple : « Celui qui croit au Fils de Dieu a le témoignage » de Dieu en soi-même.[1] Christ est celui qui ouvre » et personne ne ferme, qui ferme et personne » n'ouvre ; »[2] de celles-là : « Vous êtes sauvés par » grâce, par la foi, et cela ne vient point de nous, » c'est le don de Dieu ; non point par les œuvres, » afin que personne ne se glorifie ; »[3] mais on lui répondait qu'un homme illettré comme lui ne peut rien comprendre à la Parole de Dieu, et il se tenait pour satisfait, car son cœur naturel parlait comme l'Eglise de Rome. Il ne se souciait point de ce sa-

[1] 1re Epître de Jean V, 10. — [2] Apocalypse III, 7. — [3] Ephésiens II, 8 et 9.

lut gratuit qui nous engage à l'égard de Christ et nous dégage à l'égard du péché; il lui préférait ce rachat de l'homme par l'homme, ce rachat impossible qui, nous plaçant vis-à-vis de Dieu dans la position de l'acquéreur vis-à-vis du marchand, nous permet de nous tourner tantôt du côté de l'Eternel quand la conscience crie trop fort, tantôt vers le diable quand c'est la convoitise qui parle.

Sous un prétexte ou sous l'autre, Giraud cessa de lire les Saintes-Ecritures avec Clémence; il évita toutes les conversations qui auraient pu le ramener en face de la vérité. En revanche, il fut à la messe, puis il dit son chapelet matin et soir, puis il fit maigre, puis à ses prières habituelles il joignit de dévotes invocations à la Vierge. Il est vrai qu'en prononçant ces mots : « Mère *sans souillure et sans tache*... un seul nom ne peut suffire pour exprimer cette incomparable pureté que vous avez conservée dans toutes les puissances de votre âme et de votre corps, dans tous les temps de votre vie, dans toutes les circonstances de votre divine maternité, *par l'exemption de toute espèce de péché*;... »[1] il est bien vrai qu'en prononçant ces mots, les paroles de Marie elle-mê-

[1] Mois de Marie, page 55.

me : « Mon esprit se réjouit en Dieu *qui est mon Sauveur,* » parce qu'il a regardé à la « *bassesse* de sa *servante* »[1] retentissaient désagréablement à ses oreilles ; il est bien vrai que lorsqu'il s'adressait à « l'unique avocate des pécheurs, »[2] cette déclaration de saint Paul : « Il y a un *seul médiateur* entre Dieu et les hommes, savoir Jésus-Christ homme ! »[3] semblait s'écrire en lettres de feu sur son livre ; tout cela l'inquiétait ; mais, pour revenir en arrière, il eût fallu s'approcher sérieusement de Dieu, accepter son pardon, se *donner*.... et Giraud passait outre.

Plus tard il fit encore un pas, le dernier qui lui restât à franchir, il se rendit à confesse, et dès ce moment la défiance reparut, les relations conjugales redevinrent contraintes, la tristesse rentra dans le cœur de la pauvre Clémence.

Il y avait des instants où, poussé par un secret remords, par un secret instinct peut-être, Giraud adressait quelques paroles amicales à sa femme ; mais bientôt la préoccupation des affaires, les soucis, la crainte de déplaire aux prêtres reprenant le dessus, le fermier rentrait dans sa froideur habituelle.

[1] Luc I, 47, 48.—[2] Mois de Marie, page 24.—[3] 1 Tim. II, 5.

— Faut faire sa religion ! répondait-il à Clémence, lorsque celle-ci, navrée à la pensée de l'inutilité des jeûnes et des pénitences tout extérieures qu'il s'imposait, lui citait ce passage des Psaumes : « Tu ne prends point plaisir aux sacrifices, autrement j'en donnerais; l'holocauste ne t'est point agréable. Les sacrifices de Dieu sont l'esprit froissé ;[1] » ou ces mots du Sauveur : « Ce n'est pas ce qui entre dans la bouche qui souille l'homme ; mais ce qui sort de la bouche, c'est ce qui souille l'homme ; »[2] ou ceux-ci de saint Paul, « l'Esprit dit expressément, qu'aux derniers temps quelques-uns se révolteront de la foi, s'adonnant aux esprits séducteurs et aux doctrines des démons.... *commandant de s'abstenir des viandes* que Dieu a créées pour les fidèles et pour ceux qui ont connu la vérité, afin d'en user avec des actions de grâces; car toute créature de Dieu est bonne, et il n'y en a point qui soit à rejeter, étant prise avec des actions de grâces, parce qu'elle est sanctifiée par la Parole de Dieu et par la prière. »[3]

— Faut faire sa religion !

— Mais il n'y a pas *deux religions* également bonnes, mon ami ; il n'y a pas *deux vérités* égale-

[1] Psaumes LI, 17, 18. — [2] Matth. XV, 11. — [3] 1 Timothée IV, 1 à 5.

ment vraies !... Il n'y a qu'un chemin, qu'une vérité, qu'une vie ; et c'est Jésus. Il n'y a qu'une Parole de Dieu d'après laquelle nous serons tous jugés ; et c'est la Bible !...

Ces tristes mots si souvent répétés jadis : « Tu as ta religion, j'ai la mienne ! » venaient fermer la bouche de Clémence.

Clémence touchait au terme. Une grave maladie lui fit faire de dernières et précieuses expériences. Elle se vit couchée sur un lit de douleur, elle apprit à se détacher de beaucoup de choses à l'égard desquelles elle se croyait libre, mais qui tenaient une trop grande place dans son cœur. Lorsque le Seigneur l'eut mise dans l'inaction, l'eut exposée à de cruelles souffrances, elle sentit vraiment que *Christ nous suffit*. L'affection de ses frères chrétiens lui fit éprouver des joies inconnues jusqu'alors. Chaque visite du pasteur lui apportait de nouvelles lumières ; chaque conversation avec Louise, avec Antoine, avec Justine, lui donnait comme un avant-goût de la communion des élus. L'angoisse lui ôtait-elle jusqu'à la force de prier? elle savait que des supplications s'élevaient pour elle jour et nuit. Demeurait-elle dans l'isolement ? Jésus se tenait près d'elle. Parfois le démon s'efforçait de lui arracher sa confiance en entassant devant elle ses péchés d'autrefois, ses péchés de tous les jours ; mais le cœur de Clémence était gardé par le vainqueur de Satan, et sa sérénité, un instant troublée, revenait plus parfaite. A mesure qu'elle voyait mieux sa misère spirituelle, elle saisissait avec plus de force la justice de Christ pour s'en couvrir tout entière comme d'un resplendissant manteau.

Autour d'elle, hélas ! les ténèbres s'obscurcissaient. Thomas, de plus en plus troublé, épouvanté par le voisinage de la mort, ne s'approchait du lit de sa mère qu'en tremblant ; chez lui, l'effroi étouffait presque l'amour.

Le père Giraud, sombre, mais repoussant la tristesse comme il repoussait tout ce qui pouvait soulever dans son esprit les terribles questions de *jugement* ou de *nouvelle naissance,* redoublait d'activité extérieure, n'entrait chez sa femme que pour lui nier un danger qu'il se niait à lui-même, et fuyait plus que jamais les moments d'expansion qui l'eussent mis en présence de l'éternelle vérité.

Que de larmes Clémence avait versées sur ces tristes liens si près de se rompre ! Ce mari, un instant touché, un instant rapproché d'elle , qui maintenant échappait prématurément à l'union bientôt brisée ; ce fils, ce fils de ses entrailles, devenu presque un étranger pour elle ; pas une prière près de son lit, pas une voix d'époux, d'enfant bien-aimé qui vînt la fortifier en lui transmettant les réjouissantes promesses du Seigneur. Pierre seul, angoissé, malheureux, de temps en temps lisait pour lui obéir un Psaume de David, un chapitre de l'Evangile. — Quelle tristesse !... et pour ces pauvres âmes quel avenir !...

A cette pensée d'avenir, un trouble indéfinissable agitait le cœur de l'épouse, de la mère. Enfin, le Seigneur triompha de ses défiances comme il avait triomphé de son orgueil, de sa rébellion, de tout ce qui s'opposait au bonheur qu'il lui voulait donner.

Clémence avec une pleine foi déposa tout ce qui lui était cher dans les miséricordieuses mains de Dieu.

Le dernier jour arriva. Une douce conversation avec le pasteur avait réjoui le cœur de Clémence; Justine restée auprès d'elle la soutenait par son affection et par sa foi. Entraîné, sans se l'avouer peut-être, par le besoin d'échapper à des scènes cruelles, Giraud était allé terminer une affaire à la ville voisine; Thomas, guidé par le même instinct, s'était éloigné de la maison; il n'y rentrait au reste qu'avec répugnance, depuis que la maladie de sa mère y attirait des chrétiens évangéliques; depuis que les convictions de cette dernière, débarrassées de leurs dernières entraves par le voisinage du départ, s'exprimaient avec une liberté, avec un amour contre lesquels il avait peine à défendre son cœur. Pierre, assis, ou plutôt affaissé au pied du lit, regardait Clémence d'un œil terne. Pauvre jeune homme! Aucun rapport de goûts, de pensées ne l'unissait à son frère, aucun à son père, que l'étourderie de ce caractère, que son éloignement pour les affaires d'intérêt exaspérait souvent. Avec sa mère allait lui échapper toute affection, tout appui, tout bonheur !... La maison paternelle se faisait déserte pour lui, son âme désespérée tantôt s'addressait à Dieu, mais sans amour, tantôt se cramponnait à cette idole chérie et la défendait contre l'Eternel.

Clémence se souleva un peu... « Personne, » dit-elle en promenant ses regards affaiblis dans la chambre; un nuage de tristesse passa sur son front. « Personne !... Oh !... si... toi mon enfant... toi » Justine,.. tu leur diras que je vais au Seigneur,... » que j'ai la paix,... qu'ils cherchent Christ... » Epuisée, elle posa le doigt sur un livre entr'ouvert près d'elle... « Pierre,... ma bible... à toi... » Un sourire épanouit ses lèvres, ses deux mains s'élevèrent vers le ciel comme pour répondre à un appel, toute sa figure parut illuminée par un éclair de félicité, et son dernier souffle passa doucement.

Quand Giraud rentra le soir, le silence de la ferme, les sanglots de Pierre, la morne tristesse de Thomas assis dans un coin, lui apprirent la vérité. Il pleura, il eut un instant d'épanchement pendant lequel, serrant Pierre dans ses bras, il promit de remplacer auprès de lui sa tendre mère. Un jour après, le pasteur qui vint présider aux funérailles trouva Giraud encore ému, et cependant pressé de recommencer le train ordinaire de la vie. Par degrés, tout dans la ferme reprit l'ancienne marche; Thomas devint de plus en plus taciturne ; Pierre, qui, malgré les promesses de son père, avait vite retrouvé chez lui la défiance, la sévérité d'autrefois, chercha des consolations auprès des joyeux compagnons qui hantaient les cafés de Saint-Agrève; il se laissa entraîner au jeu, à la boisson, et s'aliéna de plus en plus le cœur de Giraud. Celui-ci se tourna du côté où l'attiraient ses sympathies naturelles, et mit Thomas à la tête de la ferme. Dès lors, tout alla de mal en pis, jusqu'au moment où Pierre exaspéré s'engagea dans l'armée d'Afrique et partit, n'emportant de la maison paternelle que ses hardes et la Bible de sa mère, pauvre Bible couverte de poussière qui vint au dernier moment frapper ses regards, et qu'il enfonça dans son sac avec un gros soupir.

Quant au père Giraud, nul ne peut dire ce qui se passa dans son âme. Quelquefois, lorsqu'un marché à conclure appelait Thomas hors de la ferme, on le voyait s'asseoir dans la chambre de sa femme, et prendre un Nouveau-Testament que Clémence lui avait donné jadis. Il l'ouvrait, tournait quelques pages, semblait méditer, secouait la tête, puis fermait précipitamment le volume et s'en allait.

Le père Giraud avait tous les dehors d'un catholique romain fidèle à son église; il récitait régulièrement ses prières, il jeûnait et manquait rarement la messe. Il faut le dire, à mesure que les années affaiblissaient le corps et l'esprit du fermier, Thomas prenait un plus grand empire sur lui; Thomas n'aurait pas laissé passer sans discussion la négligence ou l'oubli d'une seule des pratiques du culte. Toute la maison revêtit bientôt l'apparence de ce bigotisme superstitieux. Une petite statue de Marie fut placée dans une niche à côté de la porte; les appartements se tapissèrent d'images de saints et de saintes ; on suspendit des branches de buis partout, les prêtres vinrent répandre l'eau bénite sur les terres et sur les récoltes. Thomas essaya d'expulser le Nouveau-Testament qui lui rappelait d'une manière douloureuse l'*hérésie* de sa mère ; mais le père Giraud s'entêta, et le Nouveau-Testament garda sa place à côté des Codes et du Voltaire dépareillé.

L'heure de la mort arriva pour le fermier, ainsi qu'elle était arrivée pour Clémence. Il la vit s'approcher avec épouvante ; sa tête s'embarrassa vite ; dans ses rêveries , le nom de Clémence, ses derniers adieux transmis par Justine revenaient sans cesse. On accomplit sur lui, plutôt qu'avec lui, les cérémonies du culte romain; il fut reconnu pour le fils fidèle et soumis de l'Eglise : comme tel, on l'enterra en terre sainte.

Il est bien vrai que Thomas avait retrouvé sous le chevet de son père le Nouveau-Testament si obstinément conservé ; il est bien vrai que plus d'une fois il avait entendu sortir des lèvres du mourant des phrases telles que celles-ci : « ... bon Jésus... près de Clémence... ! » Tout cela lui donnait de sourdes inquiétudes ; mais il les étouffa en faisant dire une centaine de messes pour le repos de l'âme du fermier, que, contrairement à ces paroles de Dieu : *après la mort suit* LE JUGEMENT,[1] il croyait retenu pour des milliers d'années dans les flammes du purgatoire.

[1] Hébr. IX, 27.

CHAPITRE XVI.

Une mère chrétienne.

—

Les deux petites filles de Louise Latour étaient devenues de grandes et douces jeunes personnes. Le moment arriva de choisir pour l'aînée, Marthe, un époux vraiment chrétien.

Plusieurs jeunes gens s'offrirent.

Si les principes religieux d'Antoine et de sa femme paraissaient exagérés à la plupart des habitants de Saint-Agrève, si leur vie semblait sévère jusqu'à la tristesse, cependant on ne pouvait s'empêcher de remarquer la paix qui respirait sur les traits des époux, l'union parfaite qui régnait dans leur famille, surtout l'obéissance, les manières aimables et simples de Marthe et d'Adèle.

Beaucoup de parents désiraient pour leurs fils des

femmes pareilles ; beaucoup de jeunes gens qui ne rencontraient guère les deux sœurs qu'au temple, étaient touchés par la grâce réservée de Marthe, et, tout en se divertissant avec d'autres jeunes filles moins sérieuses et plus désireuses de leur plaire, ils se disaient que Marthe, au bout du compte, leur convenait seule pour compagne.

Antoine se montrait difficile ; Louise aussi. Sa vanité naturelle lui aurait fait trouver du plaisir à marier richement sa fille, à la marier avant que ses contemporaines fussent établies ; mais sa foi réprimait de tels mouvements.

A chaque proposition, M. et Mme Latour examinaient l'affaire devant Dieu ; ils priaient le Seigneur de les dépouiller de toute illusion, de toute volonté propre ; de leur montrer le chemin, de les y faire marcher ; et le Seigneur les guidait fidèlement.

Ils s'étaient imposé pour condition de ne choisir qu'un gendre pieux ; leur tâche s'en trouvait fort simplifiée. Un refus poli mais absolu éloignait les jeunes gens que leur indifférence religieuse, que leur légèreté, qu'une croyance incomplète comme le déïsme, altérée comme le catholicisme, rendaient incapables de soutenir, de fortifier la foi de Marthe.

Cinq ans s'écoulèrent ainsi; Marthe touchait à sa vingt-sixième année, et Louise parfois s'inquiétait.

— L'Eternel y pourvoira ! répondait Antoine. Lui-même choisira pour nous, et s'Il ne nous envoie pas l'époux qu'il faut à notre enfant, eh bien, Marthe restera ce qu'elle est. Le Seigneur a fait les femmes pour le mariage, c'est vrai; mais Il les a faites avant tout pour la gloire éternelle. L'union est bien le but terrestre de leur vie, mais c'est l'union chrétienne, ne l'oublions pas.

Vers ce temps-là, un instituteur protestant vint s'établir à Saint-Agrève. Il n'avait rien de brillant dans son extérieur, il ne possédait que des émoluments très-modiques ; mais il aimait de tout son cœur le Seigneur Jésus, il se dévouait à son œuvre avec joie, il avait un caractère ferme et doux qui rappelait à Louise celui de son mari bien-aimé.

M. Latour remarqua bientôt l'intérêt avec lequel Jules Levet observait Marthe, et s'aperçut vite que la crainte d'un refus empêchait seule l'instituteur de s'adresser à lui pour obtenir la jeune fille. Après avoir imploré toutes les lumières de son Père céleste sur la décision qu'Il allait prendre, après s'être assuré de l'approbation de Louise et de l'inclination de Marthe, Antoine annonça aux deux jeunes gens qu'il leur permettait de se voir et de s'unir.

Le premier moment fut doux pour Louise. Elle était sûre de l'avenir de sa fille, Marthe éprouvait pour son fiancé du respect et de la sympathie ; celui-ci la chérissait de cet amour sérieux, plein de tendresse mais plein de vérité, qui n'a ni l'aveuglement ni les faiblesses de l'idolâtrie, qui n'en a ni les variations ni la fragilité.

Louise donnait son enfant avec joie ; cependant, lorsqu'elle songeait que bientôt un autre s'emparerait de la confiance de sa fille ; que bientôt la maison ne retentirait plus, dès le matin, des accents de cette voix joyeuse et pure ; que bientôt Adèle aussi s'éloignerait comme sa sœur ; un nuage de tristesse passait sur son âme.

Au jour des noces, Louise éprouva quelques-uns des déchirements de la séparation. Sa fille ne quittait pas Saint-Agrève, et pourtant un lien se rompait ; les rapports, tout en restant affectueux, intimes, allaient se modifier ; le devoir de Louise n'était-il pas de préparer elle-même ce changement ?... ne devait-elle pas avoir du courage et pour elle-même et pour sa fille ?...

Il fallait non-seulement mettre la main de Marthe dans celle de Jules, mais il fallait lui remettre son cœur, ses pensées; il fallait se placer au second rang!...

— Ma Louise, disait Antoine qui devinait quel combat se livrait dans le cœur de sa femme, ma Louise, faisons notre sacrifice complet; demandons au Seigneur de nous donner une véritable tendresse pour notre enfant, cette tendresse qui ne fait souffrir ni ceux qui la ressentent ni ceux qui l'inspirent!... et puis rappelons-nous le passé...

Louise pria, elle fut puissamment secourue. Sa douleur lui fit connaître qu'à son amour maternel s'était mêlé, se mêlait encore beaucoup de recherche d'elle-même. Elle ne se nia point ce fait humiliant, elle exposa sa blessure aux yeux de l'Eternel, et l'Eternel y répandit le baume de ses consolations.

Lorsqu'au début de l'union, étonnée des relations étroites qui la rapprochaient d'un homme qu'elle ne connaissait pas encore à fond, troublée par ces petits froissements que nous cause toujours le premier choc avec la vie réelle, Marthe revenait vers sa mère le cœur oppressé; lorsqu'elle cherchait à provoquer de la part de Mme Latour des questions qui lui permissent de verser dans son sein les idées, les émotions qu'elle n'osait racconter à Jules; lorsque surprise, blessée même de la réserve de sa mère, elle allait au devant d'interrogations qui ne venaient pas; celle-ci l'arrêtait avec tendresse, mais avec fermeté.

— Mon enfant, lui disait-elle, la connaissance de ces détails n'appartient qu'à ton mari; je ne te refuse pas mes conseils, je prie pour toi; toutefois, mon enfant, dans le mariage il ne doit y avoir que deux personnes: l'époux et l'épouse. Il te serait doux de t'ouvrir à ta mère qui te connaît, dont tu n'as pas peur, qui mettrait, elle aussi, sa joie à t'entendre; mais ce que tu me dirais, vois-tu, Marthe, tu n'éprouverais plus le besoin de le dire à ton mari; tu lui ôterais ce qu'il a le droit de recevoir, tu me donnerais ce que je n'ai pas le droit d'accepter, tu ravirais à votre union ce qui, après la foi chrétienne, en fait la force : l'intimité. Va, ma fille, répands ton cœur dans les prières que Jules et toi vous adressez à Dieu; prenez ensemble l'habitude de la confiance, des entretiens faciles, expansifs sous les yeux de l'Eternel; là est le bonheur.

Marthe s'en retournait un peu désappointée; et Louise, se jetant à genoux, pleurant de ce sacrifice qu'elle sentait pourtant à faire, la joie que nous apporte toute œuvre de foi et d'abnégation, Louise implorait les bénédictions du Seigneur sur les relations des deux jeunes époux.

Vers cette époque, M. Latour et sa famille firent une absence d'un mois environ. Au retour, Marthe reçut sa mère avec une vive joie, Jules avec un tendre respect; mais Louise s'aperçut vite qu'un mois de tête-à-tête en avait plus appris à Marthe sur l'intimité conjugale, que toutes les leçons passées, que toutes les leçons à venir.

Si Marthe répondait aux questions de sa mère, elle ne les provoquait plus; à chaque instant le nom de Jules revenait sur ses lèvres, et quelques mots souvent échangés à demi-voix entre les deux époux, révélaient à Mme Latour l'existence d'une vie cachée, et d'une unité qui se trouvait en dehors d'elle. Marthe se montrait fille dévouée et affectueuse; mais la transformation s'était opérée. Au serrement de cœur qu'elle éprouvait toutes les fois que se manifestait le fait de ce changement, Louise comprenait que le renoncement chez elle, n'avait pas atteint à la perfection.

Parfois des mouvements injustes l'agitaient; elle s'étonnait, elle se scandalisait presque de la tendresse de sa fille pour un homme qui, six mois auparavant, était encore inconnu à la jeune femme. Lorsqu'elle s'abandonnait à cette disposition d'esprit, les manières de Jules, sa voix, les idées exprimait, ses façons d'agir avec Marthe, tout lui en déplaisait. Triste, mal disposée, elle se refusait à jouir de l'affection de son mari, des caresses d'Adèle, de l'amour filial de Marthe elle-même ; ou bien elle se froissait d'un mot, croyait voir l'intention de la blesser dans un acte indifférent, et se montrait près de devenir irritable, exigeante. Ces tentations, qui séduisaient son cœur pour un instant, n'avaient pas le pouvoir de le dominer ; elle en triomphait avec l'aide du Seigneur ; Marthe ne s'apercevait de rien, et Antoine seul, accoutumé depuis vingt-sept ans à lire dans l'âme de Louise, Antoine, vers lequel elle allait chercher l'appui d'une affection pleine de miséricorde, Antoine seul savait par quelles angoisses elle passait.

Jules et sa femme, bien que sincèrement chrétiens, avaient des progrès à faire. Louise éprouvait souvent l'envie de conseiller, de blâmer, d'exercer sur eux une influence directe ; M. Latour l'arrêtait. — Soyons sobres de paroles, disait-il, laissons la vie donner ses leçons. Il y a des fautes qui, pour les chrétiens, sont un enseignement. Prions, ma Louise, disons à Dieu ce que nous voudrions dire à nos enfants. Dieu leur transmettra nos directions..... Il les leur transmettra plus pures et plus saines, tu peux m'en croire.

Il ne faut cependant pas penser que M. et Mme Latour poussassent cette réserve jusqu'à l'excès. Non. Quand il le fallait, Antoine faisait ses observations, donnait ses avis; mais là encore on retrouvait avec sa fermeté, sa prudence, sa mesure habituelles. Parler à Jules des défauts de Marthe, à Marthe des défauts de Jules, c'eût été altérer l'unité conjugale. M. Latour mettait la vérité sous les yeux de ses deux enfants, puis il les laissait libres de juger.

Le péché prend, pour séduire notre cœur, des formes très-diverses et souvent très-opposées. Louise, qui devait combattre un fort penchant à donner des avis hors de propos, avait à lutter contre une tentation bien différente : celle d'acheter la conservation de son influence sur Marthe par des concessions de principes, et par de la faiblesse. Son cœur l'aurait naturellement portée à regagner les confidences de Marthe au moyen d'une indulgence exagérée, d'une indulgence que Marthe ne trouvait pas, ne devait pas trouver chez son mari ; avec la grâce de Dieu, Mme Latour résista et tint ferme le flambeau de la vérité ; cette vérité était quelquefois silencieuse, jamais voilée.

Louise avait un peu souffert par l'excès, faut-il le dire, par l'égoïsme de son amour maternel ; elle trouva d'immenses joies, ces joies cachées que le chrétien connaît seul, dans un renoncement absolu. Elle en trouva de douces aussi et de saintes dans son union avec Antoine. Alors elle sentit mieux que jamais le prix de l'intimité conjugale, alors elle comprit quelle folie il y a à détruire l'ordre que Dieu lui-même a établi dans nos relations de famille ; à transporter sur la tête des enfants l'affection exclusive, première, qu'on doit à l'époux.

Après le mariage de leurs filles ou de leurs fils, les femmes qui s'abandonnent à l'idolâtrie maternelle rentrent le cœur navré dans une maison déserte pour elles, malgré la présence d'un époux. Elles se sont déshabituées des devoirs, des félicités du mariage. Leur mari s'est déshabitué, lui aussi, de leur confiance et de leur dévouement. Au lieu de se tourner l'un vers l'autre pour se demander, pour se donner le bonheur, chacun reste dans sa triste indépendance.

Mais Louise, mais Antoine n'avaient pas un instant cessé de chercher leur joie dans l'union ; leurs liens se fortifièrent des peines passagères de Louise, leur foi s'en accrut, leur félicité conjugale en doubla.

Et puis Jules et Marthe, qui au début s'étaient, eux aussi, laissés aller à de l'idolâtrie, à de l'égoïsme, Jules et Marthe apprirent à se renoncer pour l'amour de leurs parents et à y trouver du plaisir.

L'abnégation de M. et de Mme Latour aurait peut-être excité l'ingratitude d'enfants mondains ; peut-être ceux-ci en auraient-ils pris prétexte pour ne se gêner en rien ; et encore n'en sommes-nous pas certains, car le désintéressement enseigne le désintéressement ; et ce n'est pas un sûr moyen d'obtenir l'affection que de l'exiger ; mais Marthe et Jules avaient la crainte de Dieu, ils cherchaient à se connaître eux-mêmes, et le dévouement généreux de leurs parents leur fit toucher du doigt leur personnalité. Ils se donnèrent donc à M. et à Mme Latour plus que ne l'exigeait le devoir, plus même que ne le demandaient ceux-ci, qui parfois repoussaient doucement leurs caresses, et les renvoyaient chez eux en disant : « Mes enfants, nous aussi nous sommes jaloux de notre intimité ; allez..... allez..... laissez les vieux mariés jouir en paix de leur bonheur. »

CHAPITRE XVII.

La Veuve.

Bien des années s'étaient écoulées... Victor Jaquemin avait pris des habitudes de piété, il goûtait la société des chrétiens; sa conduite n'offrait aucun scandale; cependant son cœur n'était pas entièrement renouvelé. Nous l'avons dit, sa légèreté naturelle lui faisait la guerre, et lorsqu'une des vérités fondamentales du christianisme, l'égale perversité de tous les hommes, par exemple, ou l'absolue gratuité du salut lui était présentée, il s'étonnait, il se troublait, il s'écriait avec les disciples encore inconvertis: « Cette » parole est dure, qui la pourrait ouïr? »[1]

Justine souffrait de ce reste d'incrédulité; elle en souffrait parce que le bonheur éternel de son

[1] Jean VI, 60.

mari lui était plus précieux que la vie; elle en souffrait encore parce que ces alternatives de foi et de doute passaient de l'âme de Victor dans sa conduite, et qu'aux jours d'affection, qui correspondaient aux jours de bonne disposition morale, succédaient des jours de froideur et de brusquerie, qui correspondaient aux jours de sécheresse spirituelle.

Justine aussi, supérieure à son mari par les facultés, par la piété, avait à se défendre contre un fort penchant à la domination. Victor, dans ses bons moments, cherchait auprès d'elle un appui; mais, les bons moments passés, il s'offensait vite lorsqu'il apercevait chez Justine des prétentions à le diriger. Justine sentait que le besoin de *trouver sa volonté* est toujours contraire à l'Evangile, bien qu'il s'étaie de motifs religieux; que *mener*, comme on dit, *son mari*, sous prétexte de l'*amener* à Christ, c'est toujours désobéir au Seigneur, qui dit : « Je ne permets point à la femme d'ensei-» gner, ni d'user d'autorité sur le mari. »[1] Humiliée des tristes découvertes qu'une conscience de plus en plus éclairée lui faisait faire dans son cœur, elle regardait avec foi à Celui qui cou-

[1] 1 Timothée II, 12.

vre nos impiétés de sa justice; elle travaillait courageusement à cette œuvre de la régénération que le Saint-Esprit poursuit sans relâche, dans l'âme de tous ceux qu'il conduit à Christ.

Si le ménage de Justine ne présentait pas, au même degré que le ménage de M. et de Mme Latour, le spectacle de cette délicate affection, de ce respect des époux l'un pour l'autre que produit le christianisme depuis longtemps accepté; on y trouvait pourtant une union réelle, sérieuse; rien n'y rappelait, même deloin, les scandaleuses scènes de Paris.

Victor avait laissé la menuiserie pour la charpente, qui lui procurait plus d'ouvrage; ses fils l'aidaient, et les ressoures de la famille étaient satisfaisantes quoique médiocres. Mais un matin, des cris se firent entendre près de la maisonnette où logeait Justine; elle sortit précipitamment, elle vit de loin un brancard porté par quatre hommes; une femme, se détachant du groupe, accourut vers elle en criant: « Ne vous effrayez pas, Madame Jaquemin, c'est votre mari, il est tombé, on vous le ramène!... » Et Justine, qui s'élançait en avant, s'affaissa sur elle-même en balbutiant: « Mon Dieu! que ta volonté soit faite! »

Victor travaillait sur un échafaudage élevé, son

pied avait glissé, il s'était fracturé la cuisse en deux endroits, ses douleurs lui arrachaient des cris. Justine atterée ne pouvait prononcer un mot; elle tenait sa pensée attachée sur Christ, le consolateur de ceux qui souffrent. Peu à peu Jésus ranima ses forces; elle éloigna doucement les nombreux amis, les curieux qui entouraient le lit du malade; puis, demeurée seule avec Louise et Antoine Latour elle resta accablée, mais résignée sous la puissante main de l'Eternel.

Le médecin, lorsqu'il arriva, dit que l'accident était grave, qu'on éviterait peut-être l'amputation du membre brisé, mais que cela était douteux. Les souffrances de Victor, pendant qu'on raccommodait les fractures, furent inouïes; la fièvre s'empara bientôt de lui, et Justine sentit qu'il lui fallait recevoir des secours miraculeux pour remplir la tâche que le Seigneur lui imposait.

Elle supplia Dieu de se montrer fidèle envers sa pauvre servante; elle lui demanda de la soutenir jour après jour; elle lui remit la destinée de son mari; elle se fit pour ainsi dire petit enfant pour se jeter dans les bras de l'Eternel, et elle se releva une nouvelle créature.

Assidue auprès du lit de Victor, elle le calmait par sa paix, elle le relevait par ses convictions, elle l'entourait de soins dont la douceur pénétrait le cœur de celui-ci. Plusieurs amies offrirent de la remplacer; mais Victor, un peu égoïste comme le sont souvent les malades, ne voulait près de lui que Justine.

Le Seigneur allait demander plus à Justine, lui donner davantage aussi. Le médecin déclara que l'amputation était inévitable. Il fallut préparer Victor, il fallut se préparer soi-même à ce terrible moment. Victor, effrayé, se révoltait contre la décision du docteur, puis se demandait pourquoi Dieu le frappait ainsi à coups redoublés.

Justine pria beaucoup, elle pria avec son mari, pour lui; et peu à peu l'âme de Victor s'ouvrit aux douceurs de la pleine confiance en Dieu; il se soumit.

Le docteur essaya d'écarter Justine pendant l'opération; ses voisines cherchèrent à l'emmener, elle résista. « J'ai promis, dit-elle, d'être fidèle à Victor dans la maladie et dans la santé, nul ne peut me remplacer près de lui, nul ne priera avec autant de ferveur, nul ne devinera comme moi ce dont il aura besoin, nul ne pourra le soulager comme je le soulagerai. »

— Les forces vous manqueront !...

— Les miennes, oui; celles du Seigneur, jamais.

Elle resta. Avant l'opération, elle lut à Victor ces belles paroles de l'Apôtre : « Mes frères, regardez comme le sujet d'une parfaite joie quand vous serez exposés à diverses épreuves. »[1] Et celles-ci : « Or, toute discipline ne semble pas sur l'heure être un sujet de joie, mais de tristesse; mais ensuite elle produit un fruit paisible de justice à ceux qui sont exercés par ce moyen. »[2] Et celles-là encore : « C'est par plusieurs afflictions qu'il nous faut entrer dans le royaume de Dieu. »[3] Ensemble ils se mirent sous la protection de leur Père; puis, le moment venu, Justine prit la tête de son mari sur son sein, les mains de Victor dans les siennes, et là, défaillante elle-même, presque sans vie, elle le tint immobile, le cœur en prière, répondant à ses gémissements par des paroles de tendresse, de foi, qui le ranimaient comme un céleste cordial.

L'opération avait affaibli Victor; la fièvre s'accrut; en peu de jours le danger devint imminent.

[1] Jacques I, 2. — [2] Hébreux XII, 11. — [3] Actes XIV, 22.

Le docteur parlait sans cesse d'amélioration; Justine n'y croyait pas; inquiète, elle tremblait à la pensée que le médecin la trompait, trompait Victor, et que, sans le savoir, son mari s'avançait rapidement peut-être à la rencontre de l'Eternel.

Elle eut une conversation avec le docteur; celui-ci répondit vaguement.

— Monsieur, s'écria Justine, si c'est par pitié pour moi que vous me taisez la vérité, dites-vous que cette pitié est cruelle! En me cachant le péril où se trouve Victor, vous n'empêchez pas ce péril d'exister, mais vous m'empêchez de chercher vers mon Dieu les secours dont j'ai besoin; vous m'empêchez de goûter avec mon mari les joies précieuses d'un dernier épanchement; vous l'empêchez, lui, de se préparer...

— Ah! quant à cela, chut! interrompit le docteur; gardez-vous bien de laisser entrevoir à Victor la gravité de son état!

— Cet état est donc grave?

Le docteur se tut; les mains de Justine se serrèrent fortement.

— Monsieur, reprit-elle quelques instants après et d'une voix altérée, croyez-vous que cela sera long?..

— Quelques jours... peut-être moins... peut-être plus.

Justine courba la tête.

— Gardez-vous bien, répéta le docteur, d'effrayer votre mari!..

— Je ne l'effraierai pas, reprit Justine; cependant je lui dirai que sa maladie offre du danger.

— A quoi bon?.. s'écria le docteur avec un geste d'impatience. Jaquemin est un honnête homme; il n'a rien à craindre.

— Si Victor n'a rien à craindre, répondit Justine, accablée, mais ferme, la pensée d'une réunion possible... prochaine... avec son Sauveur, ne le troublera pas... Si elle devait le troubler... c'est que mon mari ne serait pas prêt.

— Faites à votre tête, s'écria brusquement le docteur... cela ne me regarde plus.

— Monsieur, reprit Justine, les larmes aux yeux, m'approuveriez-vous si, pendant que Victor est malade, j'achetais sans son consentement un morceau de terre, si je vendais sa maison?..

— Quelle absurdité me dites-vous là?.. Non, certes, je ne vous approuverais pas!

— Si je n'ose prendre sur moi d'agir sans sa

volonté en ce qui concerne les affaires de ce monde, comment prendrais-je sur moi de décider pour lui lorsqu'il s'agit de l'éternité!..

— Vous croyez donc que le bon Dieu va damner votre mari?.. demanda le docteur avec un ironique sourire.

— Je crois qu'il n'y a de salut qu'en Christ, répondit doucement Justine.

— Si votre mari ne partage pas vos convictions, ce n'est ni en deux ni en trois jours qu'il les adoptera, surtout malade comme il l'est.

— Oh! Monsieur, une prière, un regard adressé avec confiance à celui qui est mort pour nous; et l'âme est éclairée, elle est touchée, elle est rachetée. Grâces en soient rendues à mon Dieu, la foi est un don comme tout le reste; il ne faut que demander pour recevoir.

Le docteur haussa les épaules, afin de dissimuler l'impression que lui causait cette fermeté alliée à tant de tendresse; cette foi vivante, qui contraignait un faible cœur à se faire fort et à braver toutes les répugnances de la nature, pour arriver au but: le salut de l'âme aimée.

Il partit sans ajouter un mot.

Alors Justine, qui avait été courageuse en face de l'obstacle, se sentit défaillir. Comment avertir Victor! Comment lui dire ce qu'elle n'osait presque s'avouer. Et pourtant la parole de Dieu est claire : « Si la sentinelle voit venir l'épée, » et qu'elle ne sonne point du cor, en sorte que le » peuple ne se tienne point sur ses gardes, et » qu'ensuite l'épée survienne et ôte la vie à quel» qu'un d'entre eux; celui-ci aura bien été surpris » dans son iniquité, mais je redemanderai son » sang de la main de la sentinelle. »[1]

Elle se vainquit. Elle ne présenta pas à Victor la mort comme inévitable; les hommes peuvent se tromper dans leurs arrêts, elle le savait, et à Dieu seul il appartient de décider en dernier ressort. Mais laissant la vérité lui arriver par degrés, elle lui fit entrevoir la gravité de sa situation, la possibilité du retour à la santé, la possibilité du départ. Elle le fit avec larmes, avec détresse de cœur, mais elle le fit.

Cette secousse fut grande. Victor, troublé, s'abandonna d'abord à l'épouvante, puis au découragement, puis au désespoir.

Il se cramponnait à la loi divine, et la loi

[1] Ezéchiel XXXIII, 6; et III, 18, 19.

le traînait devant son juge. Oh! comme Justine priait alors ! Avec quelle pressante ténacité elle poursuivait le Seigneur de retraites en retraites! « Crois, et tu verras la gloire de » Dieu, »[1] disait-elle à Victor. Tu es déjà sauvé, mon ami; le Seigneur a acquitté ta dette, l'expiation est faite, « tout est accompli; » Christ te l'a dit sur sa croix sanglante. Pourquoi résister?.. Pourquoi vouloir offrir quelque chose au Rédempteur en échange du don qu'Il te fait?.. Que pourrais-tu faire accepter en paiement de la vie éternelle?.. va, mon ami, va, sans aucun prix, « acheter du vin et du lait, »[2] « blanchis tes vêtements » dans le sang de l'Agneau. »[3]

Par moments, Victor s'écriait : « Je crois, Seigneur; aide-moi dans mon incrédulité; »[4] par moments, il essayait de rouler jusqu'au sommet de la montagne de sainteté, cette roche du péché qui retombait sur lui de tout son poids.

Dès le commencement de la maladie, Justine avait appelé le pasteur; l'expérience ecclésiastique de celui-ci, sa connaissance approfondie des Ecritures, l'aidaient à pénétrer dans l'âme de Victor,

1 Jean XI, 40.— 2 Esaïe LV, 1. — 3 Apocalypse VII, 14. — 4 Marc IX, 24.

à deviner pour y répondre victorieusement, des doutes que le malade osait à peine exprimer.

Dieu exauça les prières de Justine ; il bénit les efforts du pasteur, leur sainte violence avait ravi le ciel. Victor, dépouillé de lui-même, regarda avec simplicité à Jésus ; il reçut de lui son pardon. Le corps se détruisait rapidement, l'âme naissait à l'éternité.

Oh ! ce fut un beau, un doux moment ! Des larmes de reconnaissance inondaient le pâle visage de Justine. Agenouillée auprès de Victor, échangeant avec lui des expressions de tendresse et de paix, elle ne voyait ni la mort ni la séparation ; elle ne voyait que la Jérusalem céleste, dont les portes s'ouvraient pour laisser entrer son mari bien-aimé ; elle ne voyait que Christ glorifié, qui leur tendait à tous deux les bras.

Ils éprouvèrent le besoin de s'unir en la présence de Dieu par un même acte de foi. Ils demandèrent au pasteur de leur donner la communion. Victor mourant, Justine brisée mais adorant la main qui la frappait, leurs fils et leur fille, sérieux, recueillis, écoutèrent en silence le récit que fait saint Paul de la sainte Cène.[1] Le pasteur, sui-

[1] 1 Cor. XI, 23 à 29.

vant la liturgie de nos églises, rompit le pain, et dit : « Le pain que nous rompons est la communion au corps de Jésus-Christ notre Seigneur. » Il prit la coupe : « La coupe de bénédictions que nous bénissons, est la communion au sang de Jésus-Christ notre Seigneur. » Il mit le pain dans la bouche du mourant, pencha la coupe à ses lèvres, en lui adressant ces paroles : « Il n'y a donc » maintenant aucune condamnation pour ceux » qui sont en Jésus-Christ. »[2] Il présenta la coupe, tendit le pain à Justine, avec ces mots : « Que tes » veuves s'assurent en moi. » [3] Puis les enfants du moribond s'approchèrent, reçurent la communion des mains du pasteur, et tous, agenouillés, saintement émus, rendirent grâces...

Quand Justine releva la tête, reporta son regard sur Victor, elle le vit immobile, les paupières entr'ouvertes, les mains jointes, une ineffable expression de sérénité sur les traits. Elle prit une de ses mains,.. cette main ne serra pas la sienne ; elle se pencha sur ses lèvres,... ces lèvres étaient sans souffle.

— Christ l'a reçu, dit le pasteur à voix basse.

[1] Rom. VIII, 1. — [2] Jérém. XLIX, 11.

Justine fit signe qu'*oui*, puis elle se remit à prier avec une paix qui effraya le pasteur. C'est que par la foi, elle suivait son compagnon bien-aimé dans les demeures célestes; elle se réjouissait avec lui, avec lui elle adorait le Sauveur, elle se plongeait dans les félicités éternelles.....

Hélas ! la réalité visible vint l'arracher à ces réalités encore voilées, elle retomba sur la terre, et, quoique soutenue, elle souffrit beaucoup.

Cependant le Seigneur qui l'avait fait passer, elle ne savait comment, au travers des angoisses de la maladie de Victor, ne l'abandonna pas dans les angoisses du veuvage. Parfois elle remportait au nom de Jésus d'éclatantes victoires sur la mort; le lien n'était pas rompu, l'union était sanctifiée, elle s'avançait alors pleine d'espérance et de courage. Parfois la mort était la plus forte, et des pensées de doute, des images désolantes tourmentaient son cœur. Elle se demandait si ce corps, la pâture des vers, ressusciterait glorieux; si ce compagnon de sa vie, elle le retrouverait un jour; mais ces triomphantes paroles : « Le sépulcre ren- » dit ses morts, la mort et le sépulcre furent jetés » dans l'étang de feu, » [1] ce cri de Job, inspiré par

[1] Apocalypse XX, 13, 14.

le Saint-Esprit : « Et lorsqu'après ma peau ceci » aura été rongé, je verrai Dieu de ma chair ; » je le verrai moi-même, et mes yeux le verront, » et non un autre ! »[1] ces mots vivifiants venaient la restaurer.

Lorsque sa pensée se reportait vers le passé, des regrets, des remords agitaient son âme. Oh ! si elle eût pu reprendre au temps écoulé un mois, une semaine, un seul jour ! quelle pureté elle eût gardée, quelle sainteté elle eût établie dans ses relations avec Victor !... Mais bientôt elle sentait que le Seigneur l'avait châtiée dans sa miséricorde et non dans sa colère, puisqu'il avait permis que quelques années de paix, que quelques moments d'une union déjà glorieuse précédassent la séparation.

La vie lui offrait des difficultés ; toutefois cette promesse : « L'Eternel soutient la veuve, »[2] se réalisait à chaque obstacle qu'elle rencontrait, à chaque chagrin qu'elle éprouvait.

On lui offrit des consolations mondaines : les uns parlaient *du temps*, souverain remède à tous les maux ; les autres, de *distraction*, ce poison qui tue l'âme en l'enivrant. Justine, qui connaissait

[1] Job XIX, 26, 27. — [2] Psaume CXLVI, 9.

20

le Consolateur envoyé par Jésus,[1] repoussa tout ce qui ne venait pas de lui. Elle s'appliqua à servir Dieu, à le servir dans la personne de ses propres enfants, en leur donnant l'exemple de la foi pratique; à le servir dans la personne des pauvres et des affligés, en les soulageant dans leurs misères. Elle s'efforça de reproduire dans sa conduite le portrait de la veuve chrétienne que nous présente saint Paul; elle traversa la vie, triste, mais non pas abattue; toujours en attente; et lorsque le Seigneur vint la chercher à son tour, joyeuse, mais sans impatience, elle partit, tenant ferme *l'espérance qui ne confond point.*[2]

Je m'adresse maintenant aux veuves qui n'auraient pas, comme Justine, l'immense consolation de pleurer un époux évidemment converti à Jésus. Je les supplie de ne pas écouter le démon qui s'efforce de les écarter de Christ, en jetant dans leur âme des questions audacieuses sur l'avenir de celui qu'elles ont perdu. Qu'elles regardent plutôt au Seigneur, à ce Sauveur qui a bien mieux aimé leur époux qu'elles ne l'ont jamais aimé; à ce Sauveur que sa tendresse pour les pécheurs a cloué sur le bois! qu'elles se reposent en lui de

[1] Jean XIV, 16, 17, 26. — [2] Romains V, 5.

leurs mortelles inquiétudes ; elles trouveront un jour qu'*il a tout bien fait !*

Oui, pauvres veuves ! cherchez Dieu pour lui-même. Il a créé votre cœur, il sait ce qu'il lui faut. Ne craignez point, Il essuiera toute larme de vos yeux. [1] Sa face est un rassasiement de joie; il y a à sa droite des plaisirs pour jamais. [2]

[1] Apocalypse VII, 17. — [2] Psaume XVI, 11.

CHAPITRE XVIII.

Ce que disait le père Latour aux jeunes gens.

Bien des années après la mort si douce de Victor Jaquemin, bien des années après le délogement de Mme Dubois et de Justine, recueillies toutes deux dans le sein du Seigneur, on voyait devant la maison Latour un grand platane entouré d'un banc circulaire. Vers deux heures de l'après-midi en hiver, vers six heures du soir en été, un vieillard et sa femme sortaient de la maison appuyés l'un sur l'autre : l'homme, presque aveugle et voûté; la femme, encore droite. Tous deux venaient s'asseoir sur le banc ; la bonne vieille mettait ses lunettes, tricotait et lisait de temps en temps à haute voix dans un gros livre. Une troupe de petits enfants accourait de la maison :

celui-ci apportait un tabouret pour les pieds de la femme âgée; cet autre un coussin pour le vieillard; et puis ils se pressaient vers eux, les comblant de caresses, les accablant de questions, les entourant de joie et d'amour. Souvent une femme de quarante ans environ, un homme un peu plus âgé s'asseyaient auprès des vieillards et leur prêtaient le secours de leurs bras pour rentrer ou pour faire quelques pas. On lisait sur leurs traits la plus grande affection jointe à une vénération profonde. Cet homme, cette femme dans la force de l'âge étaient Jules et Marthe; ces vieillards, c'était M. et Mme Latour.

Adèle, mariée dans une ville voisine, ne pouvait vivre avec ses parents; Marthe s'était établie chez eux. Ceux-ci ne l'avaient pas demandé, mais ce devoir était apparu si clair à leurs enfants, ils trouvaient tant de douceur à le remplir, qu'il avait bien fallu accepter leur dévouement.

Une sérénité parfaite était répandue sur les traits amaigris des vieillards. Tout, dans leur maintien comme dans leurs paroles, annonçait le bonheur. Les infirmités de la vieillesse les avaient atteints, mais ils les supportaient doucement, dans l'attente du corps glorieux dont Jésus les allait bientôt revêtir. Antoine ne pouvait plus faire courir la navette entre les fils de son métier, il ne pouvait plus aller de village en village annoncer la bonne nouvelle du salut; Louise avait cessé d'aider sa fille dans les soins du ménage, elle tricotait à grand' peine des bas grossiers; tous deux demeuraient dans une inaction forcée; mais leur âme ne restait pas oisive. Le calme dont ils jouissaient leur permettait d'entendre plus distinctement la voix du Seigneur. Soit qu'ils regardassent dans le passé, soit qu'ils regardassent dans l'avenir, les gratuités de l'Eternel étaient là pour les enseigner et pour les réjouir. Ils étaient arrivés comme dans le vestibule des cieux; ils secouaient la poussière terrestre attachée à leurs habits, avant d'entrer dans la salle des noces.

Quelle douceur dans leur union, dans cette union mûrie par de communes expériences, par de mêmes épreuves, par de mêmes bénédictions! Les vieillards se rappelaient avec attendrissement les beaux jours de leur jeune affection, et ils revenaient au présent avec bonheur, sentant qu'ils s'aimaient mieux encore, qu'ils étaient plus saintement unis.

Que de soins pour s'épargner l'un à l'autre une fatigue; que de félicité dans la communion des prières! — Antoine, qui savait de mémoire plusieurs psaumes, les chantait parfois de sa voix tremblante, pendant que Louise, les mains jointes, l'écoutait en murmurant après lui les paroles du roi prophète.

Ensemble ils parlaient des joies prochaines de l'éternité : de leur fils depuis si longtemps remonté vers son Dieu, de ce Sauveur adorable qu'ils allaient contempler, du bonheur de connaître enfin et d'aimer, comme ils avaient été connus et aimés eux-mêmes!...

Et puis, les enfants n'étaient-ils pas là, toujours avides de les entendre redire les scènes du jeune âge?... Antoine ne racontait-il pas les histoires de la Bible avec tant d'intérêt, que les petits, bouche béante, assis à ses pieds ou sur ses genoux, auraient passé des jours entiers suspendus à ses récits. Louise n'enseignait-elle pas l'alphabet aux plus jeunes; ne les soignait-elle pas avec une sollicitude toute maternelle, pendant que sa fille vaquait à d'autres occupations?... Grand'père et grand' mère Latour ne gâtaient presque pas leurs petits-enfants. Ils ne permettaient ni qu'on désobéît, ni qu'on se mît en colère, ni qu'on fût égoïste, ni qu'on cachât la vérité; mais aussi, comme on se trouvait heureux à leurs côtés!

Il y avait à Saint-Agrève deux autres vieillards dont la triste association offrait un désolant spectacle.

L'homme était presque abruti par l'ivresse. La femme, vigoureuse encore malgré son grand âge, effrayait les habitants du bourg par les blasphèmes qui sortaient de sa bouche. On l'entendait habituellement maudire le jour de sa naissance, regretter avec emportement sa jeunesse, se désespérer des maux que lui amenait la caducité, appeler la mort.... cette mort, dont les approches la glaçaient de terreur. Entre ces malheureux époux, point d'affection, point de support; un égoïsme qui allait se satisfaisant avec une révoltante naïveté.

Autour d'eux on voyait aussi de petits enfants; mais ces enfants, hardis, moqueurs, se riaient oh! pitié! se riaient des infirmités, de l'abrutissement de leur aïeul, s'enfuyaient épouvantés à l'approche de leur grand' mère.

Dans la maison qu'habitaient les vieillards, vivaient leur fille et son mari. On ne se serait pas douté de la nature des liens qui les rapprochaient, tant il régnait d'animosité entre les parents et les enfants. Ces derniers, à chaque instant se plaignaient de la charge qui leur était imposée, à chaque instant faisaient sentir aux vieillards que leur trop longue vie pesait à tout le monde.

Ce vieillard, cette femme, ces enfants ingrats, on les a déjà nommés : c'était Charles Maillard, c'était Rose, c'était leur fille.

Quittons ce désolant tableau, retournons sous le grand platane, auprès d'Antoine et de Louise. C'est le Dimanche soir. Leurs enfants sont rassemblés auprès d'eux, quelques jeunes gens entourent M. Latour et l'écoutent avec attention.

— Mes amis, dit Antoine de sa voix grave et un peu voilée, mes amis, vous voilà dans l'âge où l'on se marie. Toi, Paul, tu as déjà fait un choix, et grâce au Seigneur, il est conforme à la volonté de Dieu.

Quand j'étais à votre âge, mes enfants, et, comme vous, impatient de me voir époux, père de famille, j'aurais fort désiré de rencontrer quelque bon vieux qui me fît part de son expérience. Louise, que voilà, était plus avancée que moi, elle avait reçu les conseils d'une digne femme qui en savait long, tandis que moi, je m'avançais dans la vie conjugale en ignorant; je faisais maintes bévues, et si je n'avais pas possédé la foi évangélique, cette lumière qui dissipe toutes les ténèbres, j'aurais rendu ma femme bien malheureuse.

N'est-ce pas? Louise?... Louise sourit.

Mes amis, je veux vous donner trois ou quatre secrets de bonheur conjugal, tous tirés de la Parole de Dieu. Ces principes s'élèveront sur votre route, comme ces mâts plantés le long des sentiers de montagnes, qui l'hiver, lorsque la neige recouvre tout, signalent le bon chemin au voyageur.

Voici le premier de mes secrets : Gardez votre pureté dans la jeunesse. — Le monde dit que c'est impossible, que c'est absurde, que Dieu ne l'exige pas, que la sagesse viendra dans son temps. Le Saint-Esprit dit : « Aucun impur n'a part à l'héritage du royaume. [1] Ne savez-vous pas que votre corps est le temple du Saint-Esprit qui est en nous et qui nous a été donné de Dieu, et que vous n'êtes point à vous-mêmes; car vous avez été rachetés à un grand prix. Glorifiez donc Dieu en votre corps et en votre esprit qui appartiennent à Dieu. » [2] Mes amis, voyez qui vous voulez croire, du monde ou de Dieu; mais sachez-le bien : souiller votre jeunesse, c'est souiller votre âge mûr; vous adonner à la corruption dans le célibat, c'est préparer l'adultère; flétrir votre cœur, c'est l'em-

[1] Ephésiens V, 5. — [2] 1 Corinth. VI, 19, 20.

pêcher de goûter les félicités immenses d'une union sanctifiée par la présence de l'Eternel.

Voici le second de mes secrets. Une fois mariés, que l'amour de Jésus Sauveur soit la pierre angulaire de votre association. Lisez la Bible avec votre femme, priez ensemble, efforcez-vous ensemble de courir au but. Gardez-vous d'induire une femme en tentation. Ne vous servez ni de sa faiblesse ni de l'affection qu'elle vous porte, pour la détourner de Dieu. « Comportez-vous discrètement avec elles, dit l'Ecriture, comme avec un vaisseau plus fragile, c'est-à-dire féminin, leur portant du respect, comme ceux qui êtes aussi avec elles héritiers de la grâce de vie, afin que vos prières ne soient point interrompues. »[1]

Ce n'est pas tout. Les désirs de la femme se rapportent à son mari;[2] l'homme est le chef de la femme;[3] mais il est son chef pour la protéger, non pour la tyranniser. Ne faites donc pas descendre au rang d'esclave, celle qui vous a été donnée pour compagne. N'exigez pas trop de ses forces physiques; ne froissez pas son cœur; ne l'écrasez pas sous le joug. Et puis, ayez confiance

[1] Première Epître de saint Pierre, III, 7. — [2] Genèse III, 16. — [3] I Corinth. XI, 3.

en ce cœur que Dieu fait battre près du vôtre, afin que vous partagiez avec lui vos espérances, vos inquiétudes, vos peines et votre bonheur. Ne vous associez pas seulement pour travailler et pour manger; associez-vous pour sentir en commun.

Mes amis, ne refusez pas à vos compagnes une part de cette aisance que leur économie, que leur travail autant que vos fatigues amènent dans le ménage. L'avarice des hommes excite la cupidité des femmes, elle les dresse à la ruse, au *vol*, elle les abaisse. Soyez généreux, votre union s'en relèvera, votre avoir s'en accroîtra.

Les meilleures épouses comme les meilleurs maris sont des créatures pécheresses, mes enfants ; et le péché exerce la patience. Appliquez-vous donc à la miséricorde. Devez-vous adresser une réprimande ? faites-le en vue de l'éternel bien de votre femme, non en vue de votre avantage personnel. Surtout, ne laissez ni votre orgueil ni votre colère donner la leçon... ce sont de mauvais instituteurs. — Est-ce à vous qu'une épouse présente la vérité? recevez-la, mes amis, recevez-la quand même elle vous arriverait tout hérissée d'épines. — « Maris, aimez vos femmes et ne vous aigrissez point contre elles. »[1]

Un dernier mot. Gardez la foi jurée. L'adultère fait plus que de troubler la famille, plus que de déchirer le cœur d'une épouse : il ouvre son âme à la tentation, il peut la perdre pour l'éternité. Dieu se déclare le vengeur de cette offense. « Voici une autre chose que vous faites, dit-Il : vous cou-
» vrez l'autel de l'Eternel de larmes, de plaintes et
» de gémissements, de sorte que je ne regarde plus
» à l'oblation et ne prends rien à gré de ce qui
» vient de vos mains. Et vous dites : Pourquoi ?
» C'est parce que l'Eternel est intervenu entre toi
» et la femme de ta jeunesse, contre laquelle tu
» agis perfidement ; et toutefois elle est ta compa-
» gne et la femme qui t'a été accordée. Or, Il n'en
» a fait qu'un, et néanmoins il y avait en Lui abon-
» dance d'esprit. Mais pourquoi n'en a-t-Il fait
» qu'un ? C'est parce qu'Il cherchait une postérité
» de Dieu. Gardez-vous donc dans votre esprit ;
» et, quant à la femme de ta jeunesse, prenez garde
» qu'on n'agisse point perfidement avec elle. »[2]

Vous représentez le Seigneur auprès de vos compagnes. Le Seigneur !... sa sainteté, son amour,

[1] Colossiens III, 19. — [2] Malachie II, 13 à 16.

sa fermeté, sa fidélité, sa douceur !... — Pensez-y !

Après un instant de silence :

— Voici votre force ! s'écria le vieillard en posant sa main amaigrie sur la Bible placée à côté de lui. Mes enfants, je puis errer,... la Parole de Dieu ne vous trompera pas. Je ne vous ai donné que des conseils incomplets..... elle vous dira tout ; tout ce qu'il faut pour marcher chrétiennement dans l'union conjugale, tout ce qu'il faut pour arriver certainement aux tabernacles éternels.

C'est par ces mots d'Antoine Latour que nous terminons notre récit. Nous aussi, nous avons pu errer ; nous aussi, nous n'avons donné que des conseils incomplets. Vous tous qui avez parcouru ces pages, allez, oh ! allez à la Parole de Dieu, elle est *esprit et vie !*

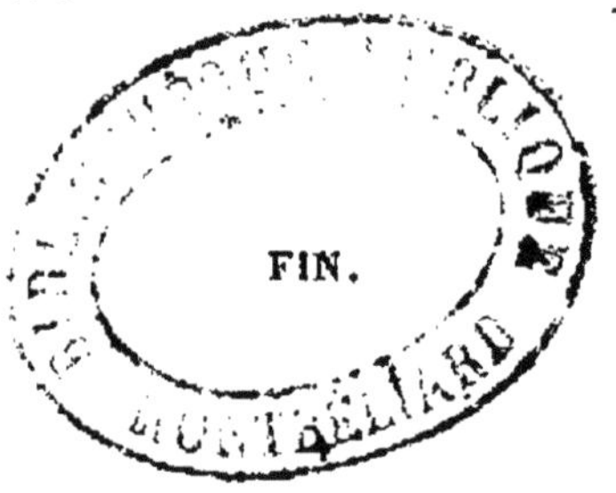

FIN.

TABLE.

FIN DE LA TABLE.

ON TROUVE CHEZ LES MÊMES LIBRAIRES :

LE MARIAGE AU POINT DE VUE CHRÉTIEN, par Mme la comtesse Agénor de Gasparin; ouvrage spécialement adressé aux jeunes femmes du monde. 3 vol. in-18. . . . . 9 fr.

ALLONS FAIRE FORTUNE A PARIS! par l'auteur du *Mariage au point de vue chrétien,* 2e édition. In-18. 50 c.

LE SOUVENIR CHRÉTIEN, ou réflexions pour tous les jours de l'année, extraites des écrits des meilleurs auteurs, traduit de l'anglais. In-18. . . . . 1 fr. 50 c.

LE LIVRE DES VILLAGEOIS, 2e édition. In-18. . . 50 c.

LE MESSAGER DE MISÉRICORDE auprès du chrétien dans l'épreuve, par le rév. James Smith. In-18. . . . . 75 c.

LE VRAI BONHEUR, ou avantages d'une éducation chrétienne, par G. Pike. In-18. . . . . 60 c.

DOUZE MÉDITATIONS SUR L'HISTOIRE D'ABRAHAM, par le rév. Henry Blunt. In-18. . . . . 75 c.

ENTRETIENS D'UNE MÈRE AVEC SES ENFANTS sur les dix commandements de Dieu, par Miss Frances Upsher. In-18. . . . . 50 c.

VOIES DE LA PROVIDENCE, recueil d'anecdotes, In-18. 40 c.

VIE D'OBERLIN, pasteur au Ban-de-la-Roche. In-18. 75 c.

VIE DE FÉLIX NEFF, pasteur dans les Hautes-Alpes. In-18. 70 c.

VIE DE MARTIN BOOS, curé évangélique. Traduction libre et abrégée de l'allemand, par S. Descombaz, pasteur, 2e édit. . . . . 1 fr.

PARI … -REMPART, 24.

www.ingramcontent.com/pod-product-compliance
Ingram Content Group UK Ltd.
Pitfield, Milton Keynes, MK11 3LW, UK
UKHW020303230726
13925UKWH00001B/193